Karl-Heinz Doppler

REIKI 2

DER WEG NACH INNEN

Das umfassende Werk mit allen
Techniken und Symbolen des zweiten Grades

REIKI 2

DER WEG NACH INNEN

Das umfassende Werk mit allen
Techniken und Symbolen des zweiten Grades

Karl-Heinz Doppler

1. Auflage November 2000
2. Auflage November 2001

Umschlaggestaltung: Ilse Doppler

© Satori-Verlag GmbH Regensburg
Postfach 20 04 54
93063 Regensburg
Tel. 09 41 / 799 45 70
Fax. 09 41 / 799 45 72
Http://www.Satori-Verlag.de
eMail Info@Satori-Verlag.de

ISBN 3-89758-017-9

Inhaltsverzeichnis

Übungen für die Praxis

Vorwort

Zur Wurzel zurückkehren, heißt den Sinn entdecken,
doch den Erscheinungen nachzujagen,
heißt den Ursprung verfehlen.
Hsin-Hsin-Ming

Zugegeben, der Gedanke, Reiki als eine Form des Qi-gong zu betrachten, war zunächst etwas befremdend für mich, aber neugierig geworden, ließ mir der Gedanke keine Ruhe. Verstärkt wurde die Unruhe durch die zunehmend seltsamen Praktiken und Unterrichtsweisen, mit denen Reiki in den letzten Jahren „verbessert" wurde.

Im Zen heißt es „der Weg und das Ziel sind eins", doch ich habe langsam den Eindruck, dass viele insgeheim ein Ziel für sich formulieren und Wege bzw. Techniken suchen, um dieses Ziel zu erreichen. Es scheint, vielen Lehrern und Schülern geht es nicht um die eigene persönliche Entwicklung, das „sich sehen als ein Teil des Gesamten", sondern um das Erhalten der Illusion von der Welt, wie sie sie gerne hätten, bzw. um die Stärkung des eigenen Egos.

War das der Weg den Usui gegangen ist, kam er so zur Erkenntnis, was ist dann „Erwachen"?

Also begann ich von neuem zu lernen, und je weiter ich die Spuren zurückverfolgte, um so spannender wurde es. Puzzleteil um Puzzleteil fügte sich zusammen.

Das Studieren in den östlichen Philosophien, die Auseinandersetzung mit Qi, seinem Wesen und seiner Bedeutung innerhalb der chinesischen Heilmethoden machten Reiki für mich fassbar, begreifbar, zum Teil eines Weges, meines Weges.

Es gibt viele Wege und die Entscheidung darüber, welcher für einen selbst der richtige ist, kann einem niemand abnehmen. Aber zwei oder mehrere Wege gleichzeitig beschreiten, auch wenn sie sich scheinbar ergänzen, heißt für mich, sich nicht wirklich einlassen zu wollen und weist eigentlich nur auf die eigene, innere Zerrissenheit hin.

Auch was Reiki betrifft scheint es inzwischen zwei Wege zu geben. Den westlichen und den östlichen.

In der westlichen Ausbildung wird Reiki leider sehr oft nur als Technik vermittelt, die ohne Frage auch funktioniert, Aspirin funktioniert auch. Aber Reiki so angewendet, wird wohl kaum herausführen aus der inneren Zerrissenheit und die Suche nach Antworten nicht beenden, sondern so wie Aspirin vorübergehend die Symptome lindern, ohne wirklich an den Ursachen etwas zu verändern.

Welche Absicht steht aber hinter dem Bestreben, Reiki immer noch mehr zu perfektionieren, ein immer wirksameres Reiki zu erschaffen? Wird es durch das Vermischen von Techniken und Ritualen aus anderen Kulturen und Philosophien nicht mehr und mehr Mittel zum Zweck?

Reiki im östlichen Sinne ist Teil einer Weglehre und hier liegt der tiefere Sinn, nicht im Perfektionieren einer Technik. Es geht um Lernen, Erkennen und Werden und ist in erster Linie die Auseinandersetzung mit dem eigenen Ego, hin zur Selbstverantwortung und letztendlich zur Meisterschaft über sich selbst.

Wir sind die Summe von unzähligen „Ichs", und wenn wir uns dessen bewusst werden und aus den Ichillusionen und Daseinsträumen erwachen, haben wir die Möglichkeit, hinter all diesen Masken unser wahres Selbst zu erkennen und uns somit nicht als ein von der Natur getrenntes Wesen zu sehen, das andere beherrscht, sondern als Bestandteil eines Ganzen.

Reiki, ein Weg spiritueller Selbstfindung, ein Weg nach innen. Mit diesem Weg nach innen setzt sich dieses Buch auseinander. Es zeigt auf, dass Reiki mehr ist als eine Technik, um Energie zu übertragen.

Reiki als eine Form von Qi-gong zu sehen, hat mir einerseits viele Illusionen genommen, andererseits aber den Weg zu und das Wissen um die essentielle Kraft von Qi erst wirklich eröffnet.

Anna-Geri Krause, Reiki-Lehrer

Vorwort

Körper und Seele im Einklang

Wir wissen, dass die Einheit von Körper, Seele und Geist im Zentrum der REIKI-Lehre steht, und so gestaltet sich auch der Aufbau dieses Buches. Die REIKI-Übungen bilden die physische Grundlage, kurze Ausflüge zu den diversen Religionen inspirieren den Geist, und die philosophischen Betrachtungen sprechen für die Seele, wodurch alles wieder zu einer Ebene ineinander fließen kann.

Der noch immer junge Autor fühlt sich seit seiner Kindheit mit der Natur verbunden, zollte dem Sein immer schon Respekt, lernte aber auch seine Grenzen früh kennen.

Er erfuhr sehr schnell, dass ein Hineinschauen in das eigene Sein das Leben wesentlich bereichert und ein Sich-selbst-bewusst-Werden ein wichtiger Schritt zum Selbsterkennen bedeutet.

Seine sprühende Vitalität holt er sich aus einer positiven Lebenseinstellung und dem direkten Zugang zu seiner „Universellen Energie".

Dass er im vorliegenden Buch die Praktiken diverser, selbsternannter Gurus leicht auf die „Schaufel" nimmt und den Esoterik-Boom mit all seinen Auswüchsen aus seiner Sicht ein wenig zurecht rückt, macht ihn für mich noch sympathischer.

Denn das Lebensmotto des schreibenden REIKI-Meisters und
–Lehrers lautet: „Ich kann alles, was ich will, und den Rest
kann ich nicht!"

Was ich auf keinen Fall missen möchte ist sein Schreiben.
Schon sein erstes Buch hat mir geholfen, das zweite aber hat
mich tief bewegt.

Eine ganz neue Schiene ist das Schreiben von heiter-satirischen
Kurzgeschichten; er unterstreicht damit seine schriftstellerische
Bandbreite. Ich habe sie gelesen und mich dabei köstlich
amüsiert.

Winfried Weilguny, REIKI-Meister

<u>Der spirituelle Geist</u>

Jeder hat sein eigen Glück unter den Händen,
wie der Künstler eine rohe Materie,
die er zu einer Gestalt umbilden will.
Aber es ist mit dieser Kunst wie mit allen:
Nur die Fähigkeit dazu wird uns angeboren;
sie will gelernt und sorgfältig ausgeübt sein.

Goethe, Wilhelm Meisters Lehrjahre

Weltseele

Jeder ist ein Mond und hat eine dunkle Seite,
die er niemandem zeigt.

Mark Twain

Alles, was ist, hat Leben, alles Lebende hat Bewusstsein und alles mit Bewusstsein hat Seele. Ist es nicht vermessen, die Natur in Belebtes und Unbelebtes, in Beseeltes und Unbeseeltes zu kategorisieren?
Trennung schafft Barrieren, Unverständnis, Leiden und Zerstörung. Der Umgang des Menschen mit seiner Umwelt, aber auch der untereinander, wird von der Vorstellung geprägt, dass er Herrscher über die Welt ist. Alles hat ihm untertan zu sein und seine Bedürfnisse zu befriedigen. Der Wert von Leben, nicht nur von menschlichem, wird rein am Nutzen für den Menschen gemessen. Gefragt ist nur der Nutzwert und gesehen wird nur der scheinbare Vorteil. Leider nicht nur im Bereich der Wirtschaft und Politik, sondern auch in der Medizin, Religion und Esoterik.
Die Ursache dafür liegt in unserem begrenzten Bewusstsein, dem Trieb, stets den augenscheinlich leichtesten Weg zu wählen, der Angst vor Veränderung und jener, nicht im Besitz der Wahrheit zu sein. Dadurch werden oft Extrempositionen eingenommen, die ein ganzheitliches Sehen und Denken verhindern.
Einerseits verspürt jeder von uns den Drang nach Selbstverwirklichung und persönlichem Wachstum, andererseits sind wir auch zu Anpassung und Unterordnung gezwungen, um die natürliche Harmonie nicht nachhaltig zu stören. Zwischen

den beiden Extremen, hier die eigenen Interessen, dort der Zwang, sie zugunsten des Ganzen zurückzustellen, müssen wir einen Mittelweg finden, um spirituelles Wachstum zu ermöglichen.

Dazu ist keine transzendente Erleuchtung notwendig, kein stundenlanges Meditieren, kein tagelanges Fasten, sondern die Freude an den kleinen Dingen des Lebens. Die erste Blume im Frühling, das Lachen eines Kindes, ein Bitte und Danke, aber auch ein Lob zur richtigen Zeit können so unendlich viel Liebe und Wärme schenken. Genießen Sie das Essen, aber denken Sie immer daran, dass eine Pflanze oder ein Tier ihr Leben opferten, damit wir satt werden.

Erst wenn wir die Natur als beseelt betrachten, lernen wir auch die Achtung vor der Schöpfung. Jedes Wesen hat seinen Platz, seine Aufgabe, seine Seele und ist auf seine Art einzigartig und wertvoll. Aufgrund seiner Fähigkeiten hat sich der Mensch eine Sonderposition geschaffen, die er jedoch im Machtrausch, aus Selbstüberheblichkeit und Egoismus missbraucht. Spirituelle Führung wird bei Menschen gesucht, bei Wesen aus anderen Sphären oder in schön klingenden Theorien und Philosophien, welche oft nur Schöpfungen menschlichen Wunschdenkens sind. Dabei übersieht man etwas, wie so oft das Naheliegendste, die Natur, die Schöpfung an sich. Gehen Sie hinaus, setzen Sie sich auf einen belebten Platz in einer Stadt und Sie werden Hektik finden. Setzten Sie sich aber unter einen Baum in die Wiese, so werden Sie Leben finden, in all seiner Vielfalt, und beginnen zu verstehen. Hier ist man Teil eines natürlichen Ganzen, das seinen Ausdruck in der Weltseele findet. In der Natur finden wir Ruhe, die nicht statisch, sondern dynamisch ist. Was aber hat das mit Reiki zu tun, vor allem mit dem zweiten Grad?

Wie ich bereits in meinem ersten Buch geschrieben habe, stellt Reiki eine Form des Qi-gong dar und baut auf dessen Grundaussagen auf. Wir können sie sehr einfach zusammenfassen. Sie besagen, dass Körper und Geist ebenso untrennbar verbunden sind, wie Mensch und Gesellschaft und in letzter Konsequenz Mensch und Natur.

Wenn wir dieser Philosophie folgen, ich zumindest tue es, müssen wir begreifen, dass jede unserer Handlungen auch Auswirkungen auf das Ganze hat. Damit sind wir auch schon beim zweiten Grad, denn dieser verlangt eine gehörige Portion Selbstverantwortung. Zur Selbstverantwortung gehört aber noch eine sehr wesentliche Sache, nämlich Selbstbestimmung, und beides ist nur möglich, wenn wir innerhalb der Verbundenheit selbständig aus uns heraus handeln können. Sehen Sie den zweiten Grad daher als einen weiteren Schritt auf einem Weg zu Selbstverantwortung, Selbständigkeit und Unabhängigkeit in jeder denkbaren Weise, ohne die unabänderlichen Gesetze des Tao, der letzten Wirklichkeit, zu verletzen.

Der Mensch als Teil eines Ganzen

Nur der größte Weise
und der größte Tor
können sich ändern.

Konfuzius

Der Mensch, wenn er nicht gerade Weiser oder Tor ist, betrachtet sich als Individuum, das räumlich aber auch geistig von der Umwelt getrennt ist. Geprägt durch das Bewusstsein versucht er die Welt nach seinem Willen zu gestalten. Dabei übersieht er allerdings, dass jede seiner Handlungen Spuren hinterlässt und das Sein nachhaltig beeinflusst. Im Drang zur Selbstverwirklichung liegt auch das Bedürfnis zu wachsen, materiell wie geistig. Jetzt kann man mir entgegenhalten, dass in der Reiki-Praxis ja nichts willentlich passiert, sondern nur zugelassen wird, folglich auch keine Spuren entstehen können. Dem möchte ich etwas zweifelnd die Geschichte der Menschheit entgegenhalten. Sehr selten haben wir aus unseren Fehlern gelernt und ich bin keine Ausnahme. Also dürfte es, um bei Konfuzius zu bleiben, wenige Weise und Toren geben, was wir mit Bedauern zur Kenntnis nehmen müssen.

Jede einseitige Sichtweise führt in eine Sackgasse. Betrachten wir einmal, wie wir mit unserer Welt umgehen. Nicht erst seit Beginn der Industrialisierung hat das ‚materialistische' Prinzip überhand genommen. Auch in den Jahrhunderten davor wurde bereits Raubbau betrieben. Ich schreibe das sehr bewusst, um den Glauben an die gute, alte Zeit, in der alles angeblich besser war, etwas zu hinterfragen. Ganze Wälder wurden beispielsweise in Spanien gefällt, um Holz für Schiffe zu gewinnen. Wildtiere, wie der Bison, ausgerottet, um Völkern die Nahrungsgrundlage zu entziehen und Platz für Haustiere zu schaffen. Auch der Glaube an den edlen Wilden ist leider nur ein Mythos, geschaffen von einigen Romantikern, die eine heile Welt suchten. Die Indianer Amerikas bekriegten und versklavten sich schon vor der Ankunft der Europäer. Obwohl diese für den Völkermord in Amerika verantwortlich waren. Und wie das vorige Jahrhundert gezeigt hat, sind wir um nichts weiser geworden.

Heute zerstört der Mensch die letzten Regenwälder, oft nur um die Papier- und Bauindustrie billig mit Holz zu versorgen oder Asien mit Essstäbchen. Dies passiert nicht nur in den sogenannten Entwicklungsländern, sondern auch in den USA und Kanada. In der Gier nach materiellem Besitz nehmen wir uns gedankenlos, was uns nicht zusteht. Halt, höre ich bereits einige sagen, daran sind wir nicht beteiligt und was hat das mit Reiki zu tun?

Der Irrglaube an die eigene Größe und Unfehlbarkeit, die uns scheinbar über die anderen Teile der Natur stellt, führt dazu, dass sich der Mensch als Mittelpunkt des Universums betrachtet. Dieser Machtanspruch entspringt einer falschen inneren Haltung, dem Egoismus. Man denkt nur an den eigenen Vorteil, nicht an die Folgen. Da aber niemand ein Egoist sein will, gibt es auch keine, und wenn doch, dann sind es die anderen.

Dabei ist der Mensch nur ein Teil eines komplizierten, in sich perfekten und geschlossenen Öko- und Kommunikationssystems namens Erde. Oft wird behauptet, dass wir, nein, halt, nicht wir, die anderen, die Welt zerstören. Auch dieses Denken entspringt unserer Überheblichkeit, denn nicht die Erde, nur unsere Lebensgrundlagen können wir zerstören. So schwer die Wunden auch sein mögen, die wir der Umwelt zufügen, die Natur wird sich wieder regenerieren, in Jahrtausenden oder Jahrmillionen. Wahrscheinlich nimmt dann eine andere Spezies unseren Platz ein, den wir durch Egoismus und Größenwahn verspielt haben. Oder um bei den kleinen Misslichkeiten des Lebens zu bleiben, ist nicht immer der Nachbar an den leidigen Streitigkeiten schuld? Im Großen wie im Kleinen passieren immer die selben Fehler.

Jetzt kommt meine Antwort auf die Frage, was das alles mit Reiki zu tun hat. Solange wir an die eigene Unfehlbarkeit glauben, und sei es nur unbewusst, kommt es zu keiner fruchtbaren Auseinandersetzung mit den eigenen Fehlern. Hier fällt mir ein amerikanisches Sprichwort ein, das sagt, die meisten Menschen wollen lieber durch Lob ruiniert als durch Kritik gerettet werden.

Das Gefühl der Ganzheit wird durch Einsicht erlebt, durch Innenschau, auch hier gilt, wie außen so innen. Wir tragen das Wissen in uns, nur müssen wir es entdecken. Doch selbst mit Reiki, das die innere Arbeit weder überflüssig macht noch ersetzt, ist es ein Prozess der Auseinandersetzung mit den eigenen Fehlern und dadurch manchmal schmerzhaft, aber auch oft sehr befreiend. Gerade der zweite Grad, wo die weitere innere Erforschung des Selbst im Mittelpunkt steht, stellt eine Kreuzung dar. Jeder muss selbst entscheiden, ob er einer universellen Philosophie des Weges folgen will oder die Technik nur zum persönlichen Wohlfühlen einsetzt. Beides ist möglich.

Nicht nur die Logik diktiert den Weg, genauso wenig wie alleine die Intuition, sondern ein tief empfundenes Begreifen, das weit über unseren wertenden Verstand hinausgeht. Zusammenhänge werden sichtbar, die uns die gegenseitige Verbundenheit mit der gesamten Schöpfung auf eine nie gekannte Weise vor Augen führen. Aber um dieses Begreifen zu erreichen, müssen wir zuerst mit uns selbst im Reinen sein, wenigstens ansatzweise, denn das Absolute liegt außerhalb unserer Möglichkeiten. Im Gegensatz zu Konfuzius glaube ich, dass man weder zum größten Weisen, noch zum größten Tor werden muss, um sich zu ändern. Aber eine Annäherung an beide Extreme kann sehr hilfreich sein. Doch auch den goldenen Mittelweg zu finden erfordert ein klein bisschen harte Arbeit. Außerdem ist ein Haken dabei, diese Arbeit hört nie auf. Das gute daran ist allerdings, dass man ständig einer sinnvollen Beschäftigung nachgeht und den Menschen am besten kennenlernt, mit dem man gezwungenermaßen das ganze Leben verbringt, sich selbst. Dadurch aber auch ein wenig die anderen, denn wir sind uns ähnlicher, als wir gerne zugeben. Auch wenn diese Einsicht wieder leichtes Unbehagen verursacht.

Der Esoterikboom

Viele Menschen versuchen ihrem Leben eine neue Wende zu geben. Es herrscht eine innere Unzufriedenheit, die nicht genau zu definieren ist. Viele wissen nicht einmal, wonach sie suchen, und trotzdem verspüren sie eine tiefe Sehnsucht nach dem Unerklärbaren, dem Numinosen. Auch im Reiki scheint vieles unerklärbar zu sein oder wird wenigstens so dargestellt. Darum habe ich versucht, mich dem Thema des zweiten Grades aus den verschiedenen Richtungen, mit denen Reiki in Verbindung gebracht wird, zu nähern. Dazu zähle ich Religion, Philosophie, Psychologie und die Heilkunde im weitesten Sinne.

Wie ist es möglich, dass in einer Zeit des materiellen Überflusses in den sogenannten Industrieländern eine solche innere Leere herrscht? Die meisten Antworten sind für mich unbefriedigend oder aus der Sichtweise Einzelner konstruiert. Als Hauptgrund sehe ich einen Wertverlust, der einerseits im zwischenmenschlichen, andererseits im spirituellen Bereich zu suchen ist. Der Mensch hat mit den ideellen Werten auch die Orientierung verloren und klammert sich nun wie ein Ertrinkender an jeden Strohhalm.

Diese Orientierungslosigkeit bietet vielen neuen, aber auch längst vergessen geglaubten Ideen und Philosophien die Möglichkeit Fuß zu fassen. Besonders in der Magie, dem Schamanismus und in fernöstlichen Lehren suchen immer mehr Menschen nach Antworten. Daneben gewinnen auch religiöse Splittergruppen und Sekten, die meist nur an Macht oder Geld interessiert sind, an Einfluss. Es ist auch hier nicht alles Gold, was glänzt. Vor allem der Begriff ‚Liebe', welcher ein zentrales Thema darstellt, wird oft überstrapaziert.

Oft werden aber auch Begriffe aus den östlichen Philosophien, wie z. B. Karma, aus dem Zusammenhang gerissen. Das führt zu großen Missverständnissen, da diese Begriffe eng mit der Lehre, aus der sie stammen, verbunden sind. Trotz allem gibt es Wege, die für jeden gangbar sind. Reiki kann einer von ihnen sein, wenn man es nicht als ‚esoterische Heilslehre' im modernen Sinn betrachtet.

Was sind nun die Gründe, dass sich sehr viele Menschen der Esoterik zuwenden? Einerseits ist es die Suche nach einer Spiritualität, die in den Amtskirchen verloren gegangen ist, andererseits eine Unzufriedenheit mit der modernen Medizin. Im Gegensatz zu den großen Religionsgemeinschaften, die noch immer in ihren Dogmen gefangen sind, gibt es in der Medizin erste Ansätze für ein Umdenken. Man beginnt zu erkennen, dass der Mensch mehr als eine Summe seiner Teile ist.

Esoterik als Begriff

Wenn heute das Wort Esoterik fällt, denkt jeder an Meditation, Edelsteine und Menschen, die sonderbare Riten feiern und weltfremd agieren. Was also ist Esoterik? Der Begriff leitet sich vom griechischen ‚esoterikos' ab, was übersetzt soviel wie innen, verborgen oder geheim bedeutet. Das Gegenteil davon ist Exoterik, nach außen gerichtet.

Esoterik steht damit für eine Lehre, die nicht für Außenstehende bestimmt ist, sondern einem kleinen Kreis von Menschen zugänglich ist. Alle esoterische Lehren weisen gemeinsame Merkmale auf. Diese liegen in der Tradition und der Weitergabe des Wissens von Meister zu Meister. In der Pflicht, über das Gehörte und Gesehene in der Öffentlichkeit zu schweigen, sowie in der Initiation oder Einweihung bei der Aufnahme in die Gruppe.

Zwei weitere Faktoren stellen die Belehrung, bei welcher der Initiierte mit den Geheimnissen der Lehre vertraut gemacht wird, und der Gruppenritus dar. Dieser verbirgt hinter der äußeren Form einen inneren Sinn, der nur dem Eingeweihten verständlich ist.

Die Quellen der traditionellen Esoterik liegen in den Weisheitslehren des Ostens und Westens, aber auch im Schamanismus, der noch auf fast allen Kontinenten lebt. Deren tiefgreifende Philosophie gepaart mit den überlieferten Techniken kann dem Einzelnen zu einer neuen Weltsicht und damit auch oft zu mehr Lebensqualität verhelfen. Heute werden die alten Weisheitslehren auch mit den Erkenntnissen der modernen Psychologie verbunden. Erklärtes Ziel all dieser Lehren ist die Selbsterkenntnis und Selbstfindung. Der Mensch soll durch Innenschau seine verborgenen Seelenteile erkennen.

Leider wird in der Praxis mit dem Begriff Esoterik viel Missbrauch getrieben. Mystische Spekulationen lassen sich damit ebenso verkaufen wie fragwürdige Heilsversprechen, Okkultismus und pseudoreligiöse Anschauungen, die zu einem totalen Realitätsverlust führen können. Dies wirft die Frage nach den Gefahren auf, die hier lauern.

Ist jeder Weg richtig?

Nichts gibt Sicherheit außer der Wahrheit.
Nichts gibt Ruhe als das ehrliche Suchen nach der Wahrheit.

Blaise Pascal

Eine der größten Gefahren der modernen Esoterik besteht in ihrer angeblichen Toleranz, auch der gegenüber Intoleranz. Oft scheint ein übersteigertes Harmoniebedürfnis im Vordergrund zu stehen, das alles entschuldigt und keinen Konflikt zulässt. Auch nicht jenen mit dem eigenen Ego.

Jeder muss eine bestimmte Erfahrung machen und ebenso bekommt jeder, was er braucht. Das ist bequem und befreit von Selbstverantwortung. Damit sind dem Schindluder Tür und Tor geöffnet. Berechtigte Skepsis wird wie gesunde Logik ad absurdum geführt.

Sicher, es gibt viele Wege. Jeder muss aber immer dem Wohl des Einzelnen, wie dem der ganzen Gesellschaft und der Umwelt dienen. Liberalität endet hier meist auch bei den persönlichen Vorstellungen, da jede Abweichung als persönliche Gefährdung betrachtet wird. Auch in der Esoterik ist es oft nicht anders als in der Religion, Wissenschaft oder Politik.

Sobald jene Vorstellungen angegriffen werden, die der Einzelne als Wahrheit empfindet, sollten sie auch falsch sein, wird sofort eine Verteidigungsposition eingenommen. Oft wird einer anderen Meinung nicht einmal die Spur von Aufmerksamkeit geschenkt, denn was in den Augen des Betroffenen nicht sein darf, ist nicht. Sollten sich wider Erwarten die konträren

Ansichten bestätigen, so würde das Weltbild einstürzen und damit das Selbstwertgefühl zertrümmert werden.

Gerade dieses Selbstwertgefühl zwingt uns dazu, andere Meinungen herabzuwürdigen, oft auch aus Angst, als dumm und unwissend dazustehen. Dem Begriff Wahrheit wird nämlich immer die Lüge entgegengestellt und wer lügt schon gerne. Für den Einzelnen bedeutet das, dass sein ganzes Weltbild auf den Grundlagen einer Unwahrheit beruhte. Leben wird zur Lüge und damit sinnlos, nicht lebenswert. Begreift man Wahrheit jedoch philosophisch, so wird sie relativ und man könnte den Begriff Irrtum als Gegensatz verwenden, denn Irren ist menschlich.

Wie weit soll diese Relativität aber gehen? Diese Frage ist oft existentiell. Wenn z.B. Gewaltlosigkeit ein Bedürfnis darstellt, heißt es dann, dass man sich jeder Form von Brutalität ohne Gegenwehr beugen und auch die andere Backe hinhalten muss? Schaue ich weg oder werde ich aktiv, wenn jemand bedroht oder misshandelt wird? Hier muss sich die Antwort jeder Einzelne selbst geben, aber sich auch die Frage stellen, ob er aus Friedfertigkeit oder Feigheit gehandelt hat und dieses rechtfertigen will.

Solche Fragen sich selbst zu stellen, wahrheitsgetreu zu beantworten und die Konsequenzen daraus zu ziehen, heißt auf dem Weg der Selbsterkenntnis zu sein. Gerade das stellt für viele eine schier unüberwindliche Barriere dar. Jede Handlung, mag sie auch falsch sein, wird gerechtfertigt. Verzweifelt werden oft Gründe gesucht, warum man so handeln musste. Bald gerät man jedoch in eine schier ausweglose Situation, denn mit der ständigen Suche nach neuen Ausflüchten bleibt für das Wichtige, nämlich die Arbeit an sich selbst, keine Zeit mehr. Man tritt auf der Stelle, gefangen in dem Teufelskreis, das eigene Bild und damit die Selbstbestätigung erhalten zu wollen. Dadurch geht der Zugang zum eigenen Selbst verloren. Davor ist auch manch Lehrer nicht sicher, vor allem dann, wenn er diesen Weg nicht zur Gänze beschritten hat.

Um das eigene Verhalten zu rechtfertigen und die Verantwortung dafür abzugeben, stehen gerade in der sogenannten Esoterik viele Wege offen. Diese haben jedoch nichts mit wahrem esoterischem Gedankengut zu tun, sondern entspringen den Vorstellungen von Menschen, die nur oberflächlich mit der Materie vertraut sind und oft auch persönlichen, sowie materiellen Nutzen daraus ziehen.

Der Mensch als biologische Maschine

Das Geheimnis der Medizin besteht darin,
den Patienten abzulenken,
während die Natur sich selbst hilft.

Voltaire

Während es im Osten zu einem fruchtbaren Miteinander zwischen traditioneller und moderner Medizin kam, erlebt der Westen erst in den letzten Jahren eine vorsichtige Annäherung. Noch immer beherrscht Skepsis das westliche Denken, die nur zum Teil begründet ist. Dies ist aber auch darauf zurückzuführen, dass einige sogenannte ‚Heiler' das Unmögliche versprechen und damit jede Form traditioneller Methoden unglaubwürdig machen. Leider mussten nicht nur ich, sondern auch andere Reikilehrer feststellen, dass Reiki durch einige schwarze Schafe in eine Ecke der Unglaubwürdigkeit gedrängt wird. Auf die Gründe werde ich später noch eingehen.

Im Westen wurde und wird der Mensch als biologische Maschine betrachtet, deren Funktionsfähigkeit nur von der Gesundheit ihrer Organe abhing. Krankheit wurde als organische Fehlfunktion gedeutet. Dem seelischen Bereich wird noch immer zu wenig Aufmerksamkeit geschenkt. Erst in diesem Jahrhundert begann man sich auch der menschlichen Psyche zuzuwenden.

Trotz aller Fortschritte in der Technik und in der Psychologie wurde der Wunsch nach mentaler, emotionaler und spiritueller Heilung nicht erfüllt. Noch immer fehlt die ganzheitliche Sichtweise, dass körperliches Wohlbefinden eng mit dem Bewusstsein zusammenhängt. Krankheit wird als isoliertes Phänomen betrachtet, ebenso der Mensch als isoliertes Wesen. Dabei wird die Erkenntnis der Mystiker und Weisen ignoriert, welche schon vor Jahrtausenden erkannten, dass der Mensch untrennbarer Teil der Schöpfung ist.

Hier möchte ich Albert Einstein zitieren, der sagte: *„Ein menschliches Wesen ist ein Teil des Ganzen, das wir ‚Universum' nennen, ein in Raum und Zeit begrenzter Teil. Es erfährt sich selbst, seine Gedanken und Gefühle, als etwas von allem anderen Getrenntes – eine Art optischer Täuschung seines Bewusstseins.“*

Diese Illusion war bereits den Weisen des Hinduismus, Taoismus und Buddhismus bekannt und bildet in diesen Philosophien eine zentrale Rolle. Die Überwindung der begrenzten Wahrnehmungsfähigkeit des Bewusstseins ist das Ziel dieser Lehren. Um dieses Ziel zu erreichen wurden im Laufe der Zeit eine Vielzahl von Techniken entwickelt, die auch bald in der traditionellen Medizin als Gesundheitsvorsorge wie zur Heilung angewendet wurden. Das, für mich, Seltsame, besteht aber darin, dass nur allzu oft versucht wird, eine Illusion durch eine andere zu ersetzen.

Viele der Techniken sind zwar sehr wirkungsvoll, um aber einen Anspruch auf Ganzheitlichkeit in der Medizin zu erheben, muss es zu einer Verknüpfung zwischen Tradition und den Erkenntnissen der modernen Wissenschaft kommen. Es wäre grundlegend falsch, das einzige Heil in der Esoterik zu suchen. Zum ‚heil sein' im ganzheitlichen Sinn gehört mehr als das Tragen von Edelsteinen, das Auflegen der Hände oder der Besuch bei einem ‚Heiler'. Dazu ist ein Umdenken notwendig, das dem einzelnen Menschen hilft seine ganze Lebenssituation zu ändern. Erst dann ist der Grundstein zur Heilung gelegt. Wo aber bleibt die Spiritualität, welche doch auch wichtig für Gesundheit ist?

Das spirituelle Vakuum

Der Glaube einer gottesdienstlichen Religion ist ein Fron und Lohnglaube (fides mercenaria, servilis) und kann nicht für den seligmachenden angesehen werden, wie er nicht moralisch ist. Dieser muss ein freier, auf lauter Herzensgesinnung gegründeter Glaube (fides ingenua) sein.

Immanuel Kant

Scheinbar erreichen die Kirchen die Herzen ihrer Mitglieder nicht mehr. Wenden sich die Menschen wirklich von Gott ab oder liegen die Gründe woanders? Woran liegt es, dass so viele Menschen eine spirituelle Leere fühlen? Viele schieben die Schuld auf die Konsumgesellschaft, andere auf die wachsende Technologisierung, Moralapostel wiederum führen es auf Sittenlosigkeit zurück. Doch die wahren Gründe dürften woanders liegen, nämlich in den verkrusteten

Führungsstrukturen der Kirchen, die sich gegen jede Erneuerung wehren.

Die obersten Kirchenfürsten fast aller Religionen waren immer bemüht ein Bildungsmonopol aufzubauen, welches ihnen die Macht sicherte. Je ungebildeter das Volk war, umso leichter ließ es sich lenken. Dies lag selbstverständlich auch im Interesse der herrschenden Klasse. Jetzt zeigt diese ungesunde Machtpolitik ihre verheerenden Auswirkungen. Die Menschen fliehen in die Arme falscher Heilsversprecher, die man zweifellos als Schwarzmagier, Scharlatane oder Seelenfänger bezeichnen kann. Worin lagen aber diese Fehler genau und was lösten sie aus?

Die Kirchen predigen dogmatische Wahrheiten und behaupten im Besitz der einzig wahren Lehre zu sein. Im Laufe der Jahrhunderte hat sich jedoch gezeigt, dass viele dieser ‚Wahrheiten‘ nicht zu halten sind. Dies war auch den Kirchenoberen bewusst und sie mussten natürlich ihre Lehre gegen alle Angriffe, sowohl von innen wie außen, schützen. Dabei stand nicht Gottesliebe im Vordergrund, sondern reine Machtgier.

Grundlage bilden die Bibel, Koran oder andere religiöse Werke, welche nicht nur religiöse Vorschriften enthalten, sondern auch die Entstehung der Welt erklären. So gibt es heute noch Gruppierungen, die den Inhalt dieser Bücher wörtlich nehmen und ihr ganzes Leben danach ausrichten. Wissenschaftliche Erkenntnisse werden ignoriert oder als Teufelswerk verdammt, damals wie heute.

Nur wenige Menschen konnten schreiben oder lesen. Die meisten Schriftkundigen waren in den Reihen der Kirchen zu finden. Diese lasen, übersetzten und interpretierten die Heiligen Schriften und gaben damit die offizielle Lehre vor. Ein Abweichen davon endete meist letal, sei es unter dem

Richtschwert oder im ‚reinigenden' Feuer. Das einfache Volk musste gezwungenermaßen den Gelehrten vertrauen. „Bete und arbeite", lautete die Devise.

Macht über die Seelen war den Kirchenoberen jedoch nicht genug. Sie wollten auch aktiv in der Politik mitmischen und sich weltliche Herrschaft sichern, was auch gelang. Dadurch wurden sie noch unglaubwürdiger. Die Geschichte der westlichen Religionen ist in weiten Bereichen von Mord und Machtgier geprägt. Die weltlichen Vertreter Gottes handelten über Jahrhunderte hinweg bis heute gegen die Gebote von Nächstenliebe und Gewaltlosigkeit. Wer mir hier widersprechen will, mag sich den Geschichtsbüchern zuwenden.

Die Kirchen hatten durch ihre Politik Macht gewonnen, jedoch den Glauben und das Vertrauen der Menschen erschüttert. Haben sie damit auch den Anspruch auf eine spirituelle Vorreiterrolle verloren? Diese Frage muss sich jeder selbst beantworten. Im Sinne einer Kirche als freie Gemeinschaft Gläubiger würde ich nein sagen, bei einer Kirche als dogmatische Institution fällt mein Urteil anders aus. Selbstverständlich steht es jedem offen, eine Religion anzunehmen oder abzulehnen, ebenso sie zu kritisieren. Kant sagte, dass unser Zeitalter das eigentliche Zeitalter der Kritik ist, der sich alles unterwerfen muss. Mit dieser Aussage, die auch mich einschließt, gehe ich absolut konform. Meine Kritik gilt auch nicht dem Göttlichen, sondern der menschlichen Interpretation seines scheinbaren Willens.

Mit der Bildungsoffensive begann auch das einfache Volk Fragen zu stellen und sich selbst Gedanken zu machen. Es entwickelte eine gesunde Skepsis, durch die sie nicht mehr bereit war, alles unhinterfragt zu übernehmen. Göttlicher Wille erwies sich oft als Versuch der Kirchen, die Gläubigen zu beherrschen und die Macht über deren Seelen zu festigen.

Die einzige Chance der Kirchen, welche ich sehe, ihre moralische Integrität und Glaubwürdigkeit zurückzubekommen, ohne in einen engstirnigen Fundamentalismus zu verfallen, liegt in einer Reform der inneren Strukturen. Sie müssten den Menschen das vorleben, was sie von ihnen verlangen, und sich von materieller und weltlicher Macht lösen, wie von dem falschen missionarischen Eifer, die einzige Wahrheit zu verbreiten. Rousseau hat das in sehr schöne Worte gefasst: *„In jemanden dringen, die Religion, in welche er geboren ist, zu verlassen, heißt, meinem Gutdünken nach, ihn auffordern, ein Unrecht zu begehen."*

Ist Alles Eines?

Unter der Hülle aller Religionen liegt die Religion selbst, die Idee eines Göttlichen.

Friedrich Schiller

Die Esoterik beruft sich in weiten Teilen auf die Weisheitslehren des Ostens und verwendet auch deren Begriffe. Allerdings stellt sich mir die Frage, wie weit diese ihrem ursprünglichen Sinn entsprechen. Oft ist es nicht möglich diese Begriffe nur wörtlich zu übersetzen, denn damit geht der tiefere Sinn verloren, der von Kultur zu Kultur ein anderer sein kann. Gefährlich ist es auch, wenn man verschiedene Religionen oder Philosophien deckungsgleich machen will. ‚Alles ist Eines' trifft nicht immer zu. Denn woher sonst, frage ich mich, kommen die verschiedenen Sichtweisen der Kulturen?
Es sollte jedem von uns bewusst sein, dass es zwischen den westlichen Religionen Christentum, Islam und Judentum, sowie

den östlichen Hinduismus, Buddhismus, Taoismus und Konfuzianismus sehr wohl Unterschiede gibt. Diese werden auch sichtbar, wenn man unter die Oberfläche dringt. Sie bestimmen die jeweilige Kultur und damit auch die Sicht der Welt.

Als Grenze zwischen Ost und West ist der Hindukusch anzusehen. Jene Religionen, die östlich von ihm entstanden sind, sehen im ‚Höchsten Prinzip' ein ewiges Weltgesetz. In den westlichen Religionen wird die Existenz des Kosmos einem persönlichen und vollkommenen Gott zugeschrieben. Diese unterschiedliche Sichtweise beeinflusst auch Kultur und Wissenschaft, darum ist es für uns gar nicht so einfach östliches Denken zu übernehmen.

Worin bestehen aber die Unterschiede und gibt es nichts Verbindendes? Um diese Fragen zu beantworten, möchte ich in aller Kürze die Grundlagen des Schamanismus sowie der westlichen und östlichen Religionen darstellen. Wichtig erscheint mir das, weil Reiki immer wieder mit religiösen und pseudoreligiösen Vorstellungen in Verbindung gebracht wird. Wer sich damit näher beschäftigen will, findet im Quellenverzeichnis Hinweise auf weiterführende Literatur.

Das Weltbild der Schamanen

Man kann gar wohl fragen:
Was wäre der Mensch ohne Tiere?
Aber nicht umgekehrt:
Was wären die Tiere ohne die Menschen?

Hebbel

Ob ich einen Gott anbete oder viele, als Aspekt eines Einzigen, macht nur für jene einen Unterschied, die glauben im Besitz der einzigen Wahrheit zu sein. Der Ursprung aller Religionen liegt wahrscheinlich im Schamanismus der Naturvölker. Egal welche Religion man betrachtet, keine ist plötzlich wie aus dem Nichts entstanden. Jede trägt Teile älterer oder anderer Religionen in sich. Der Glaube an einen Religionsgründer, dem sich alleine der einzig wahre Gott offenbart hat, scheint mir sehr unrealistisch. Wie der Mensch hat also auch eine Religion eine Entwicklungsgeschichte.

Der Schamanismus stellt die für uns älteste bekannte spirituelle Tradition dar, deren Spuren auf allen Kontinenten zu finden sind. Hier lasse ich sogenannte ‚gechannelte' Nachrichten von alten Hochkulturen außer Acht, für die es keine geschichtlichen Beweise gibt. Hier darf man mir Ignoranz unterstellen, ohne dass es mich sonderlich stört. In manchen Teilen der Welt ist der Schamanismus bis heute lebendig und hilft vielen Volksstämmen ihre kulturelle Identität zu bewahren. An dieser Stelle möchte ich noch eines anfügen. Schamanismus, in all seinen Variationen, ist immer an eine Stammeskultur gebunden. Viele der ‚westlichen' Schamanen, die sich auch gerne als ‚Stadtschamanen' bezeichnen, arbeiten zwar mit schamanistischen Praktiken und haben sich grundlegendes Gedankengut angeeignet. Es fehlt ihnen jedoch meist die kulturelle Anbindung, sowie die nötige jahrelange Ausbildung. Das Lesen von Büchern macht ebenso wenig einen Schamanen, wie der Aufenthalt bei einem Indianerstamm.

Der Ursprung des Wortes Schamane liegt im tungusischen ‚saman‘ und bedeutet übersetzt soviel wie entflammen. Es bezieht sich auf Menschen beiderlei Geschlechtes. Bezeichnet wird damit eine Person, die in der Lage ist, willentlich durch Trance oder Ekstase die Seinszustände zu wechseln.

Im Gegensatz zu den Hochreligionen kennt der Schamanismus keine Dogmen oder Konfessionen, wodurch er wandelbar blieb und sich den momentanen Erfordernissen anpasste. Er besitzt weiters eine eigene Symbolik, deren Merkmale, unabhängig vom Ursprungsort, überall zu finden sind. Die Unterschiede zwischen den verschiedenen Göttern und anderen übersinnlichen Wesen sind nur oberflächlich. Der Schamanismus lebt durch seine spirituelle Praxis, deren Universalität kulturelle oder nationale Schranken verschwinden lässt. Dadurch hat er nichts an Aktualität eingebüßt und ist in seinen Grundlagen heute noch gültig.

Dabei dürfen wir nicht vergessen, dass uns jeder Lebensraum eigene Verhaltensregeln abverlangt. In einem Wüstengebiet sind andere Regeln wichtig als in der Südsee oder im tropischen Regenwald. Der Schamanismus ist also auch an die örtlichen Bedingungen angepasst, regelt damit den Umgang mit den natürlichen Ressourcen. Dazu gehören auch sogenannte ‚Tabus‘, die in einer Region sinnvoll sein können, in einer anderen wieder nicht. Ein Tabu ohne Sinn zu befolgen, stellt reinen Aberglauben da.

Der Schamane betrachtet jede Existenz als beseelt, unabhängig davon ob ein Wesen in mineralischer, pflanzlicher, tierischer oder menschlicher Form auftritt. Leben wird also im reinen Sein definiert, das nicht unterscheidet oder wertet. Unabhängig von der äußeren Form kann miteinander kommuniziert werden. Ein Stein, Baum oder Tier kann somit auch zum Freund, Helfer oder Lehrer werden. Der ‚Nutzen' geht somit weit über sogenannte wirtschaftliche Belange hinaus.

Diese Kommunikation findet auf einer Ebene statt, die über das rationale Denkvermögen hinausgeht und damit intellektuell nicht fassbar wird. Das hat jedoch nichts mit abergläubischen Vorstellungen zu tun, sondern findet in einer für uns subjektiven Realität statt. Der Schamane macht hier jedoch keinen Unterschied. Was er erlebt und empfindet, ist für ihn Wahrheit. Er ist Mittler zwischen den für ihn existierenden Welten. Der Kontakt findet in einem Zustand tiefer Selbstversenkung statt, der es erlaubt die Anderswelten zu besuchen, die den rein rational denkenden und handelnden Menschen verschlossen bleiben. Die Trance ermöglicht es hinter die Kulissen des Fassbaren zu blicken und Einsicht in eine höhere Ordnung zu erlangen.

Ein Verstoß gegen diese Ordnung führt zu einem Ungleichgewicht im Jetzt. Dieses Wissen führt zu einem sorgsamen Umgang mit der Umwelt und den Mitmenschen, da es kein nutzloses Leben gibt. Wenn anderes Leben geopfert werden muss, um das eigene Überleben zu sichern, so ist dieser Tod nicht sinnlos. Dem anderen Lebewesen ist der Dank und die Achtung jener sicher, die ‚profitieren'.

Einen Baum zu fällen, ein Tier zu töten ist wichtig, um zu überleben. Dies darf jedoch nicht gedankenlos, unnötig oder grausam geschehen. Denn sonst verliert jede Existenz ihren Sinn und man macht sich schuldig. Um jedes Ungleichgewicht und jeden Raubbau zu verhindern, durften auch verschiedene Gruppen bestimmte Tiere oder Früchte nicht verzehren oder an festgelegten Tagen nicht jagen oder fischen. Und da das Wort eines Gottes schwerer wiegt als das eines Menschen, wurden diese Tabus einer höheren Macht zugeschrieben.

Mit dem Fortschreiten der Zivilisation begann der Mensch sich mehr und mehr von der Natur zu lösen. Er fühlte sich nicht mehr als Teil eines Ganzen, sondern als der von Gott eingesetzte Herr über die Welt. Als einziges Wesen, das eine unsterbliche Seele besitzt. Schließlich wurden sogar Menschen in Kategorien eingeteilt, sodass einige wenige die Macht, sei es wirtschaftlich, geistig oder spirituell, über viele andere erlangten.

Diese, unsere, Denkweise, geprägt von Überheblichkeit, Machtgier und Selbstüberschätzung, bestimmt heute das Leben, im Osten wie im Westen. Sehr gerne wird der Begriff ‚Globalisierung' verwendet, allerdings nur im wirtschaftlichen Sinn. Zu einer Veränderung kann es aber nur kommen, wenn eine Globalisierung im grundlegenden Denken und Handeln stattfindet und der persönliche Vorteil nicht mehr das Leben bestimmt.

Die Kraft des Schamanen liegt also nicht im Beherrschen einer Technik, sondern wurzelt in einer Denkweise, die ihn verborgene Zusammenhänge aus einer neutralen Position erkennen lässt. Hier und im Handeln, das im Einklang mit einer höheren Ordnung, nicht Macht, stehen muss, zeigt sich die Verbindung zum Taoismus.

In allen Hochreligionen findet sich schamanistisches Gedankengut. Ein schönes, weil uns nahe stehendes, Beispiel ist hier das Christentum, welches große Teile aus dem keltischen Druidentum, aber auch aus dem einfachen Volksglauben integriert hat. Viele christliche Heilige tragen Züge keltischer Gottheiten, ebenso überschneiden sich die Termine von

Feiertagen. Der Schamanismus lebt also noch immer auf eine Weise, wenn auch in der westlichen Welt im Verborgenen.

Das westliche Gottesbild

Wenn Dreiecke einen Gott hätten,
würden sie ihn mit drei Ecken ausstatten.

Montesquieu

Diese Religionen stammen aus dem Vorderen Orient und die Grundlagen legten Moses und Zarathustra. Das Judentum unterlag während des babylonischen Exils starken Einflüssen aus den iranischen Religionsvorstellungen. Das nachexilische Gedankengut bildete auch den Nährboden, aus dem Christentum und Islam hervorgegangen sind.
Die Anhänger des Propheten Zarathustra, die Mazdayasnier, glaubten, dass die Geschichte nicht nur einen Anfang, sondern auch ein Ende haben wird. Vor dem Weltuntergang wird ein Heiland, Saoshyant, in Erscheinung treten, der das Ende herbeiführt. Die Vorstellung des Weltgerichtes und die Auferstehung der Toten, welche gemäß ihrer Taten gerichtet werden, finden sich hier ebenso wie die Hoffnung auf ewiges Leben als Belohnung für die guten Taten. Die Gemeinsamkeiten zu Judentum, Christentum und Islam werden hier, jedenfalls für mich, mehr als deutlich.
Der Hebräische Ein-Gott-Glaube, dazu zählen auch Christentum und Islam, hat einen langen Entstehungsprozess durchgemacht, bis er die heutige Form erreichte. Am Anfang stand auch dort eine Naturreligion. Im 5. Jh. verehrten die Juden im ägyptischen Elefantine noch männliche und weibliche

Gottheiten. Die Bibel stellt hier allerdings keine zuverlässige Quelle dar, da sie in der heutigen Form von Priestern redigiert worden ist. Dabei flossen auch deren theologische Standpunkte ein. Man versucht den Ein-Gott-Glauben als Urreligion der Menschheit darzustellen. Wenn wir allerdings bei der Wahrheit bleiben, stellt das Christentum nur nach außen hin eine Religion mit einem Gott dar. Oder irre ich, wenn ich die Heiligen und Engel als eine Art ‚Untergötter' bezeichne?

Anfänglich galt Jahve auch nur als Gott der Juden, denn es herrschte die Auffassung, dass jedes Volk, jeder Stamm, seinen eigenen Gott hatte. Jahve trägt damals auch alle Züge einer Naturgottheit, die sich im Rauch, Feuer, Gewitter oder auch Erdbeben manifestiert. Die damalige semitische Religion hatte auch sehr abstoßende Züge. Kindesopfer waren ebenso bekannt, wie die Tempelprostitution. Wer das alte Testament genau liest, findet genügend Hinweise darauf.

Als Stifter der israelischen Religion gilt Moses, der aber auch nichts völlig Neues schuf, sondern an Bestehendes anknüpfte. Er gab den Israeliten einen Gott, dem sie ausschließlich dienen sollten, und konzentrierte damit alle religiösen Vorstellungen auf Jahve. Dass er dabei nicht gerade zimperlich vorging, ist ebenfalls hinreichend bekannt. Dadurch hat er ein Volk von Nomaden zu einer festen Einheit zusammengeschweißt. Als weniger positiv ist der religiöse Fanatismus zu sehen, der mit dem Monotheismus einherging und welcher heute auch noch dem Christentum und Islam eigen ist. Außerdem muss ich hier die Frage stellen, ob nicht auch sehr weltliche machtpolitische Gründe dahinter standen.

Nur durch die Vereinigung der Stämme Israels gelang es das ‚Gelobte Land' zu erobern, welches schließlich auch nicht menschenleer war. Da es von einem Gott versprochen worden war, konnte man relativ bedenkenlos im Auftrag einer höheren

Macht handeln. So fern und doch so nah, meine ich mich zu erinnern, dass seitdem unter dem Mäntelchen eines ‚göttlichen Auftrags' Ähnliches immer wieder passierte. Ist es nicht eine Ironie, wie wenig der Mensch trotz allen technischen Fortschritts gelernt hat? Noch immer verschweigen wir unsere Fehler oder glorifizieren sie, mit der vertünchenden Begründung im Auftrag gehandelt zu haben. Wo bleibt da die Selbstverantwortung?

Mit der Zeit begann sich der tyrannische Gott, welcher zwar für die Menschheit ethische Gebote erließ, selbst aber weit darüber stand, zu wandeln. Deuterojesaja schrieb in Kapitel 45, Vers 7: *„Ich bin Jahve und keiner sonst, der das Licht bildet und Finsternis schafft, der Heil wirkt und Unheil schafft – ich, Jahve bin es, der alles bewirkt."* Gott wurde später mehr und mehr zum guten Wesen, dem alles Böse fern lag. Endlich hatte der Mensch den Gott, als dessen Ebenbild er geschaffen war, oder sollte es doch nur ein Wunschbild sein? Man musste also auch das Böse personifizieren und fand in der Gestalt des Teufels einen Gegenspieler. Während er anfangs als Diener Gottes auftritt, der die Aufgabe hat, die Sünden der Menschen aufzuzeigen und sie auf ihre Moral zu prüfen, beginnt sich seine Stellung bald zu wandeln. Im Buch der Weisheit 2,24 tritt er als widergöttliche Macht, Fürst der Welt und Urheber alles Bösen auf. Seine Diener bewirken Unheil, indem sie die Menschen krank und besessen machen. Jetzt war der Sündenbock gefunden, dem man leicht alle Verantwortung für das Böse zuschieben konnte. Wenn mich der Teufel verführt, bin ich schließlich nicht ganz so schuldig, nur ein bisschen, wenn überhaupt.

Auch hier tritt wieder das dualistische Weltbild Zarathustras in Erscheinung. Denn dieser begriff das Weltgeschehen als 12 000 Jahre währenden Kampf zwischen Gut und Böse, in Form der

Götter Ormazd und Ariman. Letztendlich wird aber das Gute siegen. Man sieht also, dass der jüdische Glaube und damit auch die aus ihm hervorgegangenen Religionen viele persische Elemente enthalten. Sollte diese Schlussfolgerung jemandem missfallen, so bin gerne bereit mich widerlegen zu lassen. Aber bitte nur mit überprüfbaren Fakten.

Christentum und Islam sind, als Weiterführung des israelitischen Glaubens, absolut theozentrisch orientiert. Im Mittelpunkt steht ein allmächtiger Gott, der als wollende Persönlichkeit aufgefasst wird. Durch den heiligen Zorn, der ihm zugeschrieben wird, straft er jene, welche seinem Willen zuwiderhandeln. Zu ihm kommt nur, wer sich dem göttlichen Willen unterwirft und anpasst. Jede sittliche Weltordnung ist, nach dieser Auffassung, von Gott geschaffen worden und kann nur von ihm wieder aufgehoben werden. Dass diese angeblich von Gott angeordnete Moral auch sehr ungesund sein kann, sieht man heute in manchen Gegenden der Tropen. Den Augen der Missionare missfiel die Nacktheit mancher Naturvölker und man zwang sie, natürlich erst nachdem sie ‚liebevoll' bekehrt worden waren, Kleidung zu tragen. Durch das ständig vom Schweiß nasse Gewand stiegen Erkältungskrankheiten und Lungenentzündungen. Doch Hauptsache war ja, dass Anstand und Sitte gewahrt blieben und die Missionare nicht in Versuchung kamen. Für mich auch ein sehr nettes, kleines Beispiel dafür, mit welcher Unschuld einem anderen die Schuld für eigene ‚schmutzige' Gedanken gegeben wird.

Gott besitzt also vollkommenes ‚In- und Durchsich-selbst-Sein', damit besteht zwischen ihm und seiner Schöpfung eine absolute Verschiedenheit. Denn Schöpfung ist die Erschaffung eines Dinges aus Nichts. Allerdings ist dieses ‚Nichts' nicht mit dem ‚Nichts' der östlichen Philosophien zu verwechseln. Dort bezeichnet es etwas für unser Bewusstsein nicht Erfassbares, während im Westen das absolute Nichts, die vollkommene Nichtexistenz einer wie auch immer gearteten Substanz, gemeint ist. Natürlich gibt es auch im Westen Denker, wie den niederländischen Philosophen Baruch Spinoza (1632 – 1677), die einen personalen, allmächtigen, substanziellen Gott leugnen und sich dem östlichen Denken annähern. Spinoza sieht in Gott ‚nur Eine, alle Determination und Negation ausschließende, unendliche Substanz, welche Gott genannt wird und das Eine Sein in allem Dasein ist'. Selbstverständlich und wie nicht anders zu erwarten wurde er aus der jüdischen Gemeinde von Amsterdam verbannt. Doch das nur so nebenbei.

Alles Sein wurde, nach dem theokratischen Glaubensbild, aus dem Willensakt eines Gottes erschaffen. Er nahm nichts Vorhandenes und gab nichts von sich selbst. Diese Anschauung findet sich auch im Koran wieder, wenn es in der 112. Sure heißt: „Gott ist der einzige und ewige Gott. Er zeugt nicht und ist nicht gezeugt, und kein Wesen ist ihm gleich." Alles Sein ist somit unmittelbar von ihm abhängig, was zur Konsequenz führt, dass jede Schöpfung einen Anfang und ein Ende hat. Ewig ist nur Gott allein. Durch seinen Willen wird auch das Weltende herbeigeführt, dem die Ewigkeit folgt, als absolutes Ende.

Die menschliche Seele existiert in diesem Sinne ebenfalls nur einmal, da auch sie von Gott geschaffen wurde. Menschliches Handeln im Diesseits bestimmt das Schicksal der Seele nach dem jüngsten Gericht. Der Gedanke einer Seelenwanderung ist somit im Islam und im Christentum ebenso unmöglich wie der Glaube an ein Karma, denn der Kreislauf von Werden und Vergehen existiert hier nicht. Jede Seele stellt eine einzigartige Persönlichkeit dar.

Dafür kennt das Christentum eine Kollektivschuld. Der Mensch wird bereits sündig geboren und erfährt am Ende eine

Kollektiverlösung. Dieser Gedanke ist bestimmend für die abendländische Weltauffassung. Das Einzelwesen wird als Mitglied eines Volkes oder einer Kirche gesehen. Dieser Gruppe wird eine metaphysische Bedeutung zugewiesen, wie die Kollektivschuld der Juden am Tode Jesus. Doch gerade diese Einstellung birgt große Gefahren, denn es werden Wertigkeiten geschaffen. Einer Gruppe wird mehr Wert und Bedeutung zugemessen als einer anderen. Das führt letztendlich zu Rassismus und Diskriminierung. Ein kleines, aber bedeutsames Beispiel ist die Stellung der Frauen und ihre untergeordnete Rolle, die dem Gedanken der Gleichheit aller Menschen vor Gott widerspricht. So ganz insgeheim frage ich mich, ob das Christentum, respektive der Katholizismus, nicht eine sehr männerorientierte Religion ist, wo einige ihre Machoallüren ausleben können. Das ist aber nur eine Frage, wenn auch keine unberechtigte, wie ich denke.

Weiters entsteht dabei auch der Gedanke, dass bestimmte Gruppen oder Personen von Gott für spezifische Aufgaben ausgewählt werden. Diese haben dann den Willen Gottes auf Erden zu erfüllen oder seine Botschaft zu verbreiten. Letztendlich entsteht eine religiöse Elite, welche weit über der Masse steht und als einzige den Willen Gottes kennt. Damit verbunden ist eine oft unvorstellbare Macht über andere, da den Anweisungen des Gruppenführers unbedingt zu gehorchen ist. Er allein hat schließlich den direkten Draht zu Gott und kennt dessen Willen. Die Bibel ist voll von diesen charismatischen Führerfiguren und Propheten, denen ganze Völker folgten. Individualität ist nicht gefragt, wobei als Beispiel die Bibelauslegung dienen kann. Diese ist nur wenigen Geistlichen, die scheinbar den Willen Gottes kennen, gestattet. Die Gläubigen haben deren Meinung ungefragt zu übernehmen. Wer dagegen verstößt, hat mit der Exkommunikation zu rechnen, dem Ausschluss aus dem Kollektiv. Mit derselben Technik anderen Inhaltes arbeiten auch Sekten und politische Gruppierungen.

Das Christentum erhebt, ähnlich wie der Islam, den Anspruch die alleinige absolute Religion zu sein. Dadurch entsteht eine große Intoleranz gegenüber Andersdenkenden. Jene, die ihren Lehren nicht folgen wollen, gelten als Heiden und Sünder, die auch vom Paradies ausgeschlossen sind. Glaubenskämpfe, Inquisition und die Verfolgung Andersgläubiger lassen sich auf diesen Wahrheitsanspruch zurückführen. Mohammed lehrte: *„Bekämpfet die, die nicht glauben an Gott und den jüngsten Tag und die nicht heiligen, was Gott geheiligt hat und sein Gesandter, und dienen nicht dem Gottesdienst der Wahrheit."*

Und doch ist der Islam, in dieser Beziehung wenigstens, toleranter gewesen, denn die Moslems zwangen nicht jedem ihren Glauben auf. Christen und Juden wurde als ‚Schriftbesitzern' gestattet, ihre eigene Religion auszuüben. Erst als die Christen begannen, unter fadenscheinigen Vorwänden, Kreuzzüge zu führen, wehrten sich die Moslems. Über den herrschenden Fundamentalismus und den damit verbundenen Unmenschlichkeiten in einigen islamischen Ländern kann sich jeder in den Nachrichtenmedien informieren. Weiter will ich darauf nicht eingehen. In Europa bekämpfte das Christentum nicht nur Juden und Muslims, sondern auch religiöse Strömungen, die von der herrschenden Lehrmeinung abwichen.

Östlich des Hindukush

Nicht wer nach ihm sucht und ausschaut,
sondern wer die Augen schließt,
wird des Unsichtbaren gewahr.

Lao-tse

Im Gegensatz zu den Religionen der ‚Gottesoffenbarung' liegt den östlichen Lehren ein ‚ewiges Weltgesetz' zugrunde. Ihrer Auffassung nach hat die Schöpfung keinen definitiven Anfang und auch kein Ende. Sie erneuert sich stets in einem unaufhörlichen Wechsel von Entstehen und Vergehen. Die Existenz eines persönlichen Gottes ist dabei von sekundärer Bedeutung. Diese Lehren stellen philosophische Traditionen dar, die in ihrem Wesen religiös sind. Ihr Ziel ist die direkte mystische Erfahrung der Realität, die Transzendenz.
Die Essenz der östlichen Philosophien und damit ihr wichtigstes Merkmal ist das Gewahrsein der Einheit und die wechselseitige Beziehung aller Dinge und Ereignisse zueinander. Sie werden als voneinander abhängige und untrennbare Teile eines kosmischen Ganzen gesehen, als Manifestationen einer letzten absoluten Wirklichkeit. Diese ist Teil von allem und alles ist Teil von ihr.
Hier soll jetzt jedoch nicht der Eindruck entstehen, dass keine Individualität der Dinge existiert. Innerhalb dieser Einheit sind aber Unterschiede und Gegensätze relativ. Verschiedene Erfahrungen wie Gut und Böse sind nur zwei Extreme einer Realität oder mit den Worten Lao-tses: *„Wenn alle in dieser Welt die Schönheit als schön ansehen, dann gibt es auch Hässlichkeit."*

Doch selbstverständlich gibt es Unterschiede zwischen den östlichen Lehren. Die Ausrichtung des Hinduismus ist, im Gegensatz zum psychologischen Buddhismus, ritualistisch und mythologisch. Als geistige Quelle des Hinduismus gelten die Veden. Anfangs wurden diese mündlich von Generation zu Generation überliefert und wahrscheinlich, nicht vor Beginn unserer Zeitrechnung, schriftlich niedergelegt worden.

Der Hinduismus entzieht sich, als Philosophie wie Religion, jeder Definition. Er ist ein komplexes sozio-religiöses Gebilde, das sich aus unzähligen Sekten, Kulten und philosophischen Systemen zusammensetzt. Das entspricht auch der kulturellen Vielfalt des indischen Subkontinents. Für den westlich orientierten Menschen mag auch die große Anzahl von Göttern, die im Hinduismus verehrt werden, verwirrend erscheinen. Doch dies spielt dort keine Rolle, da alle Götter nur Manifestationen einer letzten Wirklichkeit darstellen, einen Platz einnehmen, der den christlichen Heiligen entspricht. Letztendlich ist also auch der Hinduismus eine Art Ein-Gott-Religion.

Um mir nicht vorwerfen lassen zu müssen, dass ich nur die westlichen Religionen kritisiere, möchte ich auch auf die grausamen Facetten des Hinduismus hinweisen. Besonders die stillschweigend tolerierten Grausamkeiten Frauen gegenüber und das Kastensystem verhindern die Entwicklung zu einem humanistischeren Weltbild. Hier wäre eine Erneuerung wünschenswert.

Die buddhistische Lehre ist mehr psychotherapeutisch als metaphysisch zu verstehen, denn in ihrem Mittelpunkt steht weniger die Frage nach dem Ursprung der Welt und der Natur des Göttlichen. Hier kommt mehr die menschliche Situation zur Sprache. Buddha wies auf den Ursprung des Leidens und der Frustration hin, gleichzeitig auf den Weg diese zu überwinden.

Das Wissen darum erlangte Buddha durch eigene Kraft, weder durch das Studium von Schriften noch durch die Offenbarung eines Gottes.

Dies wird auch durch einen Ausspruch aus dem Mahavagga deutlich: *„Ich selbst habe die Erkenntnis erlangt, wessen Anhänger sollte ich mich da nennen?"* Erleuchtung ist also das Ergebnis eines inneren Prozesses, den jeder selbst erleben muss. Eine Unterweisung durch einen Lehrer kann nur den Anstoß dazu geben. Abstrakte Spekulationen sind, vor allem im Mahayana-Buddhismus, unbekannt und der Intellekt dient nur als Mittel auf dem Weg zur direkten mystischen Erfahrung.

Auch das Wort Gott hat in der buddhistischen Tradition eine andere Bedeutung als im Westen. Es sind keine allmächtigen Schöpfer, sondern Wesen, die durch eine große Anzahl tugendhafter Handlungen viel positives Karma angesammelt haben. Als Resultat ihres Wohlverhaltens werden sie in eine der sechs Daseinsklassen von Samsara hineingeboren, dem Niveau der Götter. Ist das Potential ihres positiven Karmas erschöpft, werden sie als Mensch oder Tier wiedergeboren. Nicht einmal ein Gott ist hier ewig, sondern unterliegt dem Gesetz des Wandels.

Die chinesischen Lehren Konfuzianismus und Taoismus spiegeln das Wesen Chinas wieder, das sich nicht nur mit der geistigen Ebene auseinandersetzt, sondern auch weltlichen Dingen Bedeutung beimisst. Der Konfuzianismus stellt, als Moralphilosophie, den gesunden Menschenverstand, das praktische Wissen sowie sittliches Verhalten in seinen Mittelpunkt und war Grundlage für das chinesische Bildungs- und Regierungssystem, das später auch von Japan übernommen wurde. Klar zum Ausspruch kommt diese Einstellung in einem Zitat von Konfuzius: *„Ob es Gott gibt oder nicht, wissen wir nicht. Also lasset uns ihm Opfer bringen."* In Überlieferungen aus dem Altertum wurden ewige Normen gesehen, die sowohl das rechte Verhalten der Menschen zueinander regelten, aber auch Hinweise für das richtige Regieren von Staaten gaben.

Im Gegensatz dazu steht der Taoismus, der das Intuitive und Mystische vertritt, ähnlich wie Hinduismus und Buddhismus. Sein Misstrauen gegenüber intellektuellem Wissen und Argumenten ist besonders ausgeprägt. Das wird in folgenden Worten von Lao-tse deutlich ausgedrückt: *„Der Weise ist nicht gelehrt, der Gelehrte ist nicht weise."* Hier wird das intuitive Begreifen in den Vordergrund gestellt, während im Konfuzianismus dem erworbenen Wissen eine höhere Wertigkeit beigemessen wird, wie der folgende Ausspruch von Konfuzius zeugt: *„Unwissenheit ist die Nacht des Geistes, eine Nacht ohne Mond und Sterne."*

Auch die Idee, wie ein Staat regiert werden soll, steht im krassen Widerspruch zum Konfuzianismus, denn Ordnung kann nicht erzwungen werden. So steht im Tao-te-king: *„Weisheit waltet durch nicht-Tun. Woher ich das weiß? Weil es so ist: Je mehr Verwaltung und Verbote, umso mehr Gewalt und Armut. Je mehr Gewalt und Waffen, umso mehr Unruhe und Widerstand. Je mehr Schlauheit und Berechnung, umso mehr Verschlagenheit und Rückschläge. Je mehr Verordnungen, umso mehr Feinde der Ordnung."*

Der taoistische Weise handelt spontan und in Harmonie mit seiner Umgebung, wodurch er die Natur nicht zu zwingen braucht. Es ist die Handlungsweise des Wu-wei, der Nicht-Handlung, wie Lao–tse sagte: *„Durch nicht Handeln kann alles getan werden."* Gemeint ist damit die Enthaltung von Handlungen, die gegen die Natur gerichtet sind.

Im Laufe der Jahrhunderte begannen sich die verschiedenen Systeme gegenseitig zu beeinflussen. Da der Osten weitaus weniger dogmatisch ist, entstanden die verschiedensten

Mischformen, die meist einen gangbaren Mittelweg anbieten. Trotzdem gibt es aber auch dort religiöse Hardliner, so wie überall.

Auf der Suche nach dem Verbindenden

Ich predige nicht Duldsamkeit. Unbeschränkte Religionsfreiheit
ist in meinen Augen ein so geheiligtes Recht,
dass man das Wort Duldsamkeit,
als Ausdruck hierfür gebraucht,
mir gewissermaßen schon selbst tyrannisch erscheint.

Mirabeau, Politische Diskurse

Die Beschreibung der verschiedenen Glaubenssysteme kann natürlich nicht vollständig sein, dazu sind sie zu komplex. Doch die Unterschiede werden bereits deutlich sichtbar, wie ich meine. Auch Begriffe, die gemeinsam verwendet werden, müssen nicht unbedingt dieselbe Bedeutung haben. Dies führt dann oft zur Verwirrung und kann mitunter Missverständnisse auslösen.

Den eigenen Glauben für den besten zu halten ist durchaus legitim, aber mir erscheint es als Akt verblendeter Überheblichkeit, ihn zur einzig gültigen Wahrheit zu erklären. Keine Religion stellt etwas Endgültiges dar, wie uns die Geschichte gelehrt hat. Jede wurde und hat sich im Laufe der Zeit verändert. Sie sind somit subjektive Ausdrucksformen, die eine Annäherung an eine letzte Wahrheit versuchen. Die Verwirrung wird alleine dadurch deutlich, dass sich die Religionen nicht nur gegenseitig widersprechen, sondern auch in sich gespalten sind. Bilden sie nicht dadurch auch den

Spiegel des in sich uneinigen Menschen? Denn wenn er in der Einheit mit allem wäre, müsste er keine Wege dorthin suchen. In diesem Sinne stellt für mich jede religiöse Anschauung eine persönliche Interpretation dar, die keine Allgemeingültigkeit besitzt.

Wo aber liegt das Verbindende oder Gemeinsame der Religionen, wenn man so unterschiedliche Vorstellungen von Gott hat? Lassen wir einmal die religiösen Vorstellungen, über die man entweder streitet oder sie anerkennt, außer Acht und wenden uns dem humanistischen Gedankengut zu. In der Ethik, der praktischen Moralphilosophie, liegt das Verbindende.

Jede Religion nennt Regeln ihr Eigen, die das Zusammenleben der Menschen untereinander in geordnete Bahnen lenken sollen. Wieso aber nur sollen? Nun, ganz einfach, weil es in unserer Natur liegt, solche Regeln zu ignorieren. Bitte das nicht zu persönlich nehmen, denn ich schließe mich hier nicht aus. Aber wer ist schon perfekt? Zu meiner Schande muss ich gestehen, dass ich nicht zu den Perfekten gehöre. Hier halte ich es mit Carl Schurz, der sagte: *„Ideale sind wie Sterne. Wir erreichen sie niemals, aber wie Seefahrer auf dem Meer richten wir unseren Kurs nach ihnen."* Sollen also jene leuchten, welche glauben, das Ideal verwirklicht zu haben. Aber in aller Vorsicht, denn auch Sterne sind schon verglüht.

Jeder kann diese Regeln in aller Ruhe in den Heiligen Schriften der verschiedenen Religionen nachlesen, was ich als sinnvoller empfinde, als sie hier zum weiß Gott, welcher auch immer, wievielten Male zu wiederholen. Ich will auch nur ganz kurz anmerken, weil ich es mir eben nicht verkneifen kann, dass auch die Religionsführer oft Wasser gepredigt und Wein getrunken haben. Vielleicht genügt aber ein Satz, um die Essenz dieser Regeln auf einen Nenner zu bringen: Behandle jeden so, wie du behandelt werden willst. Natürlich darf sich niemand wundern, wenn er von anderen so behandelt wird, wie er es mit ihnen tut.

Zurück zur Ethik, in der das Verbindende liegt. Sie bildet auch die Grundlage der Weglehren und damit auch das philosophische Gerüst von Reiki. Damit kommen wir bereits zum nächsten Kapitel, welches sich mit der oft seltsamen Art und Weise beschäftigt, wie Reiki dargestellt, praktiziert und weitergegeben wird. Doch zuerst eine Übung für den Alltag, denn dieser war und ist, so grau er uns auch erscheinen mag, das eigentliche Klassenzimmer des Wegschülers. Nur wer ihn meistert, kann auf ein erfülltes Leben hoffen.

Übung der Toleranz

Toleranz ist nicht nur Duldung der Meinung des anderen, sondern Bescheidenheit.
Ich gestehe dem anderen die Möglichkeit der Wahrheit zu, weil ich mir die Möglichkeit des Irrtums eingestehe.

Anton Neuhäusler

Toleranz ist der Wesenszug, welcher erst ein geregeltes Leben zwischen Menschen und damit auch zwischen Religionen möglich macht. Jede Religion hat wie jeder Mensch, mich nicht ausgenommen, gute und schlechte Seiten. Manchmal gelingt es uns das weniger Positive auszumerzen, manchmal nicht.

Verwechseln Sie bitte Religion nicht mit der ‚Institution Kirche‘, egal ob westlich oder östlich. An deren Spitze stehen fehlbare Menschen, die versuchen zu interpretieren. Dadurch kommt es eben zu menschlichen Fehlern.

Die Religion an sich ist ein Grundbedürfnis des Menschen und damit trägt jede Glaubensvorstellung Wahrheit in sich. Eine Religion über andere zu stellen zeugt von Intoleranz, ebenso einen Menschen über andere zu stellen. Wer das macht, verletzt den Grundsatz der Gleichheit und Gleichberechtigung. Danach dürfen wir nicht nur innerhalb einer Kultur handeln, sondern überkulturell und religionsübergreifend.

Wann immer Sie sich dabei ertappen, gegenüber anderen intolerant zu sein, das heißt dem Glauben anzuhaften, als einziger die Wahrheit zu besitzen, stellen Sie sich die Frage warum Sie so handeln. Vielleicht ist die Intoleranz berechtigt, aber es wäre überheblich, deswegen gleich die ganze Person oder Religion für ‚unwahr‘ zu erklären. Was aber ist Toleranz und was ist sie nicht? Theodor Fontane sagte: *„Ignorieren ist noch keine Toleranz.“*

Toleranz heißt nicht ...

... alles kritiklos hinzunehmen, vielleicht in der Hoffnung selbst nicht kritisiert zu werden.

... keine Fragen zu stellen, vielleicht aus falsch verstandener Loyalität, Angst unrecht zu haben oder unwissend zu wirken.

... andere nur deswegen handeln zu lassen, weil man sie sowieso für einfältig hält.

... Harmonie um jeden Preis zu suchen, frei nach dem Motto, wenn wir nicht darüber reden, gibt es auch keinen Streit.

... auf die eigene Überzeugung verzichten oder sie aufzugeben, nur weil sie keine Mehrheit findet. Mitläufer gibt es genug.

Toleranz heißt ...

... auch andere Meinungen und Lebensanschauungen anzuerkennen, wenn sie nicht gegen die Menschlichkeit und Vernunft verstoßen.

... übereinstimmen können, dass man nicht übereinstimmt.

... anderen Menschen dieselben Rechte zuzusprechen, die man selbst beansprucht.

... nicht aufgrund von Äußerlichkeiten sofort auf den Charakter schließen, also Vorurteilen vorzubeugen.

Versuchen wir mit Menschen anderer Kulturen und Religionen so vorurteilsfrei wie möglich umzugehen. Sehr bald bemerken wir dann, dass es überall Toleranz gibt, genauso wie Intoleranz. Der größte Feind der Toleranz ist Fanatismus, egal welcher Richtung. Es ist also menschliche Schwäche, die uns hindert, über Grenzen zu sehen, auch die eigenen. Wenn man eine Sache glorifiziert oder auf eine Meinung, ein Menschenbild, ein Weltbild fixiert ist, aus welchen Gründen auch immer, geht die ganzheitliche Sichtweise verloren. Letztendlich folgt ein Realitätsverlust.
Stellen wir uns immer wieder die Frage nach den Kriterien, welche unser Urteil bestimmen. Und als nächstes, ob die Kriterien, welche unserer Weltsicht entspringen, auch im gegenständlichen Fall anwendbar sind. Wenn nur kleine Zweifel daran bestehen, dann sollten wir uns nach dem Warum fragen.

Reiki, das Qi und der Weg

Der Mensch lebt inmitten von Qi,
und Qi erfüllt den Menschen.
Angefangen bei Himmel und Erde
bis zu den zehntausend Wesen,
Alles bedarf Qi um zu leben.
Wer sich auf das Führen des Qi versteht,
der nährt seinen Körper im Inneren
und wehrt schädigende Einflüsse nach außen ab.

Ge-hong (284 – 364)
„Der Meister, der die Schlichtheit umfängt"

Gedanken zu Qi

Das Leben des Menschen
ist eine Ansammlung von Qi.
Sammelt es sich, so entsteht Leben.
Zerstreut es sich, bedeutet das Tod.

Zhuang-zi

Immer wieder taucht die Frage nach dem Wesen des Qi auf und die Antworten sind vielfältig, oft aber auch einfältig. Es erstaunt mich immer wieder aufs Neue, wie sehr diese ‚Universelle Energie' mit persönlichen Glaubensvorstellungen verbunden und damit eingeschränkt wird. Die ‚Universelle Energie' wird degradiert zu einer ‚Reduzierten Energie', um neue Hierarchien zu erschaffen und dadurch andere auszugrenzen oder als minderwertiger darzustellen.

Eine Klassifikation des Qi ist ebenso unmöglich wie die Zuordnung zu einem bestimmten Glauben. Wer von Jesus-Energie spricht, geht in die Irre. Diese Bezeichnung mag seiner eigenen religiösen Anschauung entspringen, entspricht aber nicht einem Universalismus. Schon alleine die Verbindung des Qi mit einer bestimmten Gottheit oder Religion zeigt Unverständnis für ganzheitliches Denken und macht die alleinige Verhaftung in der eigenen Wahrheit deutlich. Die begrenzte Sichtweise lässt nur die eigenen Vorstellungen gelten und mündet dann in einer moralischen, religiösen und persönlichen Intoleranz gegenüber Andersdenkenden.

Manche sprechen von ‚Göttlicher Energie' und damit stellt sich einerseits die Frage, welchem Gott sie entspringt, und andererseits ob nicht alles ‚göttlich' ist, nicht nur Qi. Eines geschieht hier aber ohne Zweifel, nämlich dass Reiki zu einer Art Pseudo-Religion gemacht wird. Seltsamerweise wird Satori mit einer Erleuchtung im Sinne des Kontaktes zu einem personifizierten Gott dargestellt.

Was sagen die chinesischen Weisen über das Qi? Lassen wir zuerst Meng-zi (wahrscheinlich von 372-289 v. Chr.) zu Wort kommen:

Vereinheitliche Dein Wollen zhi. Höre nicht mittels der Ohren, sondern höre mittels des Herzens. Höre danach nicht mittels des Herzens, sondern höre mit dem Qi. Denn das Hören ist beschränkt auf die Ohren, und das Herz ist beschränkt auf die innere Anpassung. Das Qi aber ist leer und nimmt die Wesen in sich auf. Nur das Dao sammelt Leere an, deshalb ist die Leere die Verfeinerung des Herzens.

Eindeutig kommt hier die Neutralität des Qi zum Ausdruck. Die innere Leerheit, welche angesprochen wird, ist auch eine innere Unbewegtheit. Der Zugang zum Qi hängt also von einem Bewusstseinszustand der inneren Leere ab, die frei von Emotionen ist. Das Herz wird als das emotional-mentale Zentrum des Menschen betrachtet. Hier wird aber dazu aufgerufen, über das Herz hinauszugehen, denn Emotionen, selbst Liebe wird als solche angesehen, verhindern die Einheit, welche durch Reduktion auf die Leere entsteht. Dies bestätigt auch Zhuang-zi, ein berühmter taoistischer Gelehrter:

Wenn man sich in dem Moment der höchsten Leere befindet, hängt man am Qi.

Auch hier sind keine Parallelen zu irgendeiner religiösen Vorstellung zu entdecken. Und wieder wird die Leere als erstrebenswert erachtet, nicht der Kontakt zu ‚höheren Wesen'. Wenn man Satori als absoluten Zustand der Leere sieht, so kann es dabei keine Visionen geben. Das Letzte kann weder in Form von Symbolen noch im Erscheinen eines personifizierten Gottes erfahren werden. Jede Erfahrung des ‚Nichts' liegt hinter dem Fassbaren des menschlichen Geistes, jenseits einer möglichen ausdrückbaren Form und ist damit nicht erklärbar.

Laut der Legende erlebte Herr Usui Satori und hatte dabei eine Offenbarung. Es wurde ihm der Weg zum Qi geöffnet, gleichzeitig erfuhr er die Symbole des Reiki. Nach einer Version war er christlicher Geistlicher, damit wird Reiki mit dem Christentum und seinem Gott in Verbindung gebracht. Obwohl längst widerlegt, wird diese Geschichte immer wieder erzählt.

Nach einer anderen Erzählung, die eine östliche Schule des Reiki verbreitet, wurde er während des Erwachens vom Buddha der Heilkunst, Boddhisatva Avalokiteshvara, persönlich unterrichtet. Von diesem erhielt er auch das innere Wissen um die Wirkungsweise und Weitergabe von Reiki.

Beide Versionen gleichen sich in den grundlegenden Aussagen und beide dürfen bezweifelt werden. Es steht immer eine vom Menschen getrennte Gottheit im Vordergrund, die einem Auserwählten seine Gunst gewährte. Betont wird dabei die Andersartigkeit von Gott, dem aktiv Gebenden, und Mensch, als passiv Nehmendem. Somit lebt der Mensch in absoluter Abhängigkeit von Gott und dessen Gnade. Da es aber im Zustand des Satori keine Andersartigkeit von Mensch und Gott gibt, alles Eines ist, können auch keine Visionen oder Bilder von etwas oder jemandem anderen erscheinen. Damit muss Herr Usui die Symbole auf andere Weise erhalten haben.

Um jetzt keine Missverständnisse aufkommen zu lassen, ich achte jede Religion und schätze die Kraft, welche Menschen aus ihrem Glauben schöpfen. Jeder Christ kann, wie auch alle Gläubigen anderer Religionen, die Kraft des Qi nützen, um die lebendige Natur der Schöpfung und seines Seins besser und intensiver verstehen zu lernen. Wenn ihn das näher zu seinem Gott führt, so ist das wunderschön. Aber ordnen Sie bitte Reiki oder Qi-gong nur dort zu, wo es sich mit dem Glauben vereinbaren lässt, nämlich als philosophische Weglehre, die auch Zugang zum Qi, dessen Wirkung nach physikalischen Gesichtspunkten betrachtet werden muss, vermittelt. Ein religiöser Mensch benützt das Mehr an Lebensenergie, um seinem Gott näher zu kommen, ein Künstler setzt sie in seinen Werken um und ein Wissenschaftler versteht vielleicht, erfüllt vom Qi, physikalische Zusammenhänge besser. Das ist die Universalität, welche Reiki so wertvoll macht.

Wem aber nützen diese Geschichten, um nicht Märchen zu sagen, und warum entsprechen sie mit großer Wahrscheinlichkeit nicht der Wahrheit? Die Antwort auf diese beide Fragen lässt Reiki in völlig anderem Licht erscheinen, als es oft dargestellt wird: nicht als religiös angehauchte Heilslehre mit abergläubischen Aspekten, sondern als Heilkunst im Sinne einer universellen Philosophie des Do. Reiki verliert dabei nichts von seiner Faszination oder Wirksamkeit, sondern gewinnt an Glaubwürdigkeit, die in den letzten Jahren durch oft skurrile Praktiken gelitten hat.

Das Nachfolgespiel

Dass niemand Weisheit erben mag
noch Kunst, das ist ein harter Schlag.

Freidank

Um Missverständnissen vorzubeugen, möchte ich betonen, dass ich nicht an der Person Herrn Usuis und der Wirksamkeit von Reiki zweifle. Mein Zweifel gilt alleine der Überlieferung der sogenannten Reiki-Legende und der Art und Weise, wie Reiki dargestellt und weitergegeben wird.

Die Verklärung einer Person nutzt meist nur denen, die ihr nachfolgen, oder vielleicht besser gesagt, die vorgeben die legitimen Erben zu sein. Seit Jahrtausenden bestimmt dieses Spiel Politik und Religion, aber auch das Zusammenleben der Menschen in allen Bereichen, beruflich wie privat. Es ist die ewige Gier nach Macht, welche die Regeln bestimmt.

Wichtig dabei ist die Autorität, über welche der Mensch, auf den sich die Nachfolger berufen, verfügt hat. Ob diese auf reale Begebenheiten zurückzuführen ist oder durch spätere Verklärung, ist in den meisten Fällen nicht nachvollziehbar. Oft werden Überlieferungen unhinterfragt zu Wahrheiten erklärt und im Laufe der Jahre durch Beifügung meist phantasievoller Geschichten ergänzt. Heraus kommt dabei ein leicht verdaulicher Brei, der durch Würzung mit persönlichen Vorlieben schmackhaft gemacht und anderen vorgesetzt wird. Ob er allerdings den Hunger für längere Zeit stillt, bleibt dahingestellt.

Herr Usui stellt die zentrale Figur für die bestehenden Reiki-Organisationen und Lehrer dar. Seine Autorität gründet sich auf den, laut Legende, direkten Kontakt zu höheren Wesenheiten, die ihm das Geheimnis von Reiki offenbarten. Da mit dieser Offenbarung scheinbar auch ein Sendungsauftrag verbunden war, geht dieser nach landläufiger Meinung auf den oder die direkten Nachfolger über. Sie berufen sich also auf das Satori des Lehrers und ziehen daraus bestimmte Geltungsansprüche. Offen bleibt die Frage, wer sein legitimer Nachfolger ist. Falls es einen solchen geben sollte, dann beschränkt sich dessen Wirkungsbereich auf die von Herrn Usui gegründete Schule, nicht aber im Sinne eines Großmeister- oder Papsttums über alle Reiki-Praktizierenden. Doch gerade dieser Eindruck wird in der Öffentlichkeit vermittelt, ohne dabei zu beachten, dass Satori etwas sehr Persönliches ist. Die Erfahrung des Erwachens, ich vermeide hier bewusst den Begriff ‚Erleuchtung', ist nicht übertragbar, sondern an den gebunden, der sie macht. Aus diesem Grund, kann es weder einen spirituellen Nachfolger noch eine spirituelle Linie geben, nur Lehrer, die aus der Tradition der Usui Shiki Reiki Ryoho Gakkai kommen.

In Japan ist allerdings jeder, der seine Ausbildung als Lehrer im Sinne des Do abgeschlossen hat, befugt eine eigene, unabhängige Schule zu gründen. Dabei wurden auch immer neue Inhalte eingebracht, ohne aber die ursprünglichen Prinzipien, Dojokun, zu missachten. Gerade dieses Verantwortungsgefühl vermisse ich heute bei vielen Reiki-Praktizierenden, die bewusst oder unbewusst gegen alle Regeln verstoßen.

Selbstverständlich kann nicht jeder ‚legitimer Nachfolger' Herrn Usuis sein, doch auch dies stellt kein Problem dar. Um das eigene Geltungsbedürfnis zu befriedigen und eine Sonderstellung einzunehmen, werden alle Register auf der Orgel des Lebens gezogen. Selbst mancher Misston erscheint dem einen oder anderen wie heller Engelsgesang und das Harmoniebedürfnis vieler Menschen verhindert eine fruchtbare Auseinandersetzung. Hier scheint zu gelten, dass jede Form der Kritik unerwünscht ist, obwohl sie in den Weglehren Wachstum in jeder Form erst ermöglicht. Wer keine Kritik verträgt, beweist nur eines, nämlich den Glauben an die eigene Unfehlbarkeit. Hier fehlt mir der Glaube, denn die Fehlerhaftigkeit ist Teil des Menschseins. Oft wird auch jede Form von Kritik heruntergemacht, um eigenes Nicht-Wissen zu verbergen, gewissermaßen einen Schutzschild aufzubauen.

Oft fällt mir das Sprichwort ‚Der Wunsch ist der Vater des Gedankens' ein. Besonders dann, wenn Neues über Reiki verkündet wird. Da werden Nachrichten von Herrn Usui gechannelt, obwohl er, meiner unmaßgeblichen Meinung nach, alles hinterlassen hat, um mit Reiki erfolgreich zu arbeiten. Ist es nicht seltsam, dass auch SektenführerInnen mit genau dieser Methode arbeiten? Jeder schüttelt den Kopf über deren abstruse Aussagen und bemerkt entsetzt, mit welcher Hingabe die Aufmerksamkeit der Anhänger auf die brabbelnden Lippen des selbsternannten Mediums gerichtet ist.

Auf diesem Weg tauchen auch immer wieder neue Symbole auf, die angeblich ‚kraftvoller' sind. Ist es nicht schön, wie das hierarchische Denken fröhliche Urständ feiert? Meine Symbole sind stärker, ätsch! Wieso können sie nicht einfach gleich stark sein, nur anders aussehen? Diese Frage werde ich nicht beantworten, das kann jeder für sich.

Andere behaupten wieder, vom alten Atlantis eine Frohbotschaft empfangen zu haben, und lokalisieren den Ursprung von Reiki ebendort. Warum hat Herr Usui uns dieses Wissen nicht hinterlassen? Schließlich war er Begründer des modernen Reiki und es widerspricht jeder japanischen Tradition, dass Lehrer eines Weges ihren Schülern Wissen vorenthalten. Im Gegenteil ist jeder Lehrer stolz, von seinen Schülern übertroffen zu werden.

Da wir aber in einer freien Gesellschaft leben, ist es natürlich jedem freigestellt, seine Ansichten zu vertreten. Aber ebenso legitim ist es, Zweifel zu äußern und Kritik zu üben. Wer ist nun der Nachfolger Herrn Usuis? Für mich ist es jeder Reiki-Lehrer, der den Weg über das Ansehen der eigenen Person stellt und erkannt hat, dass die Wahrheit nicht im Außen zu finden ist.

Die zwei Prinzipien von Innen und Außen

Es ist gewiss besser, eine Sache gar nicht studiert zu haben, als oberflächlich. Denn der bloße gesunde Menschenverstand, wenn er eine Sache beurteilen will, schießt nicht so sehr fehl, als die halbe Gelehrsamkeit.

Georg Christoph Lichtenberg

Sehen wir uns jetzt einmal an, wie in Japan, wo Reiki zweifelsfrei herstammt, die Nachfolgefrage behandelt wird. Dort existieren zwei Arten von Schülern, nämlich die inneren, Uchi-deshi, und die äußeren, Soto-deshi. Diese Unterscheidung mag uns im Westen, wo jeder ganz selbstverständlich verlangt gleichbehandelt zu werden und zu allen Informationen freien Zugang zu bekommen, ungerecht vorkommen. Ist es das aber wirklich oder gibt es doch einen triftigen Grund dafür? Interessant ist zuerst natürlich, nach welchen Gesichtspunkten unterschieden wird. Hier gilt nicht das Wollen eines Schülers, weder seine soziale Herkunft noch Reichtum oder Armut sind ausschlaggebend. Für einen Meister sind alleine die inneren Voraussetzungen und die persönliche Nähe wichtig, welche nicht mit dem westlichen Begriff ‚Freundschaft' verwechselt werden darf.

Doch bleiben wir zuerst beim Soto-Prinzip, dem äußeren, bevor wir uns dem inneren zuwenden. Damit sind jene Schüler gemeint, welche die Technik, Waza, vor den Weg, Do, stellen. Sie betrachten die Philosophie als etwas Hinderliches im Erreichen persönlicher Ziele. Die Technik wird zum Mittel, um einen profanen Zweck zu erfüllen. Ohne persönliche Verantwortung zu übernehmen, besuchen sie das Dojo nur, um die Technik zu üben. Wenn ich mir einen Vergleich mit Reiki erlauben darf, so würde es bedeuten, bei einem Treffen oder Seminar nur die Handpositionen zu üben und über die möglichen Wirkungen zu sprechen. Wenn die Philosophie des Weges dabei nicht angesprochen wird, ist die Ausbildung einseitig und nicht ganzheitlich.

Im Laufe der Zeit gründen, auch heute noch, die Soto-deshi eigene Schulen, Dojos, jedoch ohne Verbindung zur Tradition des Weges. Wie ein Baum ohne Wurzeln, der bald abstirbt, haben sie meist keine Zukunft. Nur den wenigsten dieser Schulen gelingt es einen eigenen traditionellen Inhalt zu finden, der sie überleben lässt. In Unkenntnis des Weges und der inneren Lehre wird versucht die Philosophie als zweitrangig abzustempeln oder, was in meinen Augen noch schlimmer ist, artfremdes Gedankengut, das nur der persönlichen Wahrheit des Lehrers entspricht, einzubringen. Nicht das innere Wachstum, sondern die äußere Wirkung, auch die des Meisters auf die Schüler, steht im Mittelpunkt. Diese Schulen sind nicht mehr ‚esoterischer' sondern ‚exoterischer' Natur. Das müssen sie auch sein, denn deren Gründer haben das notwendige innere

Wissen nicht und sich auch später nicht bemüht, es zu erlangen. Obwohl das möglich ist, wie ich aus eigener Erfahrung weiß. Jetzt zum Uchi-Prinzip und zum Uch-deshi, dem inneren Schüler. Dazu zählen jene, die lange Zeit nach der inneren Meisterschaft gesucht und damit die Fähigkeit zur Selbstüberwindung bewiesen haben, welche sich unter anderem in Bescheidenheit, Opferbereitschaft und Verantwortung gegenüber des Dojos, wobei hier die Lehrinhalte gemeint sind, zeigt. Hier kommt wieder der Zeitfaktor zum Tragen, nach dem Lernen nur schrittweise erfolgen kann.

Die inneren Schüler hatten auch Zugang zu der Privatsphäre des Meisters und lebten damals oft im Haus des Meisters oder im Dojo. Zu ihren Verpflichtungen zählte auch das Unterrichten der Anfänger, um Praxis für die spätere Lehrtätigkeit zu sammeln. Um es in modernen Worten zu sagen, mussten sie ihre soziale Ader und ihre Fähigkeit im Umgang mit Menschen beweisen. Immer wieder fanden dabei persönliche Gespräche mit dem Meister statt, die zwei Funktionen hatten. Einerseits half der Meister dem Schüler das Verständnis dem Weg gegenüber zu vertiefen, andererseits offenbarte er ihm die letzten Geheimnisse der Lehre. Ihre lebenslange Treue zum Haupt-Dojo machte es möglich, dass ein Stil, egal ob in der Heil- oder Kampfkunst, immer mehr verfeinert und verbessert wurde und wird, oft über Jahrtausende.

In der Tradition des Weges gelten die Uchi-deshi als Erben des inneren oder ,esoterischen' Wissens, welches sie nur an jene weitergeben, die sie als würdig erachten. Halt, höre bereits einige rufen, das ist doch nicht mehr zeitgemäß, dieses Wissen muss jedem offen stehen und darf nicht im Verborgenen bleiben! Jeder hat ein Recht darauf! Selbstverständlich, genau dieser Meinung bin ich auch, aber man muss eben was tun dafür. Oder ist das falsch? Die Meister wissen sehr genau, dass all diese Techniken Gefahren bergen, auch wenn das von vielen Reiki-Lehrern bestritten wird. Alleine bei der Mentalanwendung wird mit der menschlichen Psyche, die sehr sorgsam behandelt werden muss, gearbeitet. Und was macht ein Mensch aus Reiki, der seinen Geltungsdrang nicht besiegt hat? Soto-deshi kann jeder werden, der an der Technik, welche auch funktioniert, interessiert ist. Um aber zum Uchi-deshi zu werden, braucht es eben ein bisschen mehr. Wer mehr will, muss mehr geben, nicht materiell, aber ideell, denn sonst wird die Harmonie gestört, innen wie außen. Jeder kann aber selbst entscheiden, welche Richtung er einschlägt und damit ist auch Offenheit und Freiheit gegeben. Es liegt also nicht nur an einigen verstockten Reiki-Lehrern, die nicht bereit sind, alles jedem offenzulegen, sondern an der Bereitschaft der Schüler an sich zu arbeiten. Mit ehrlicher Arbeit erschließt sich hier der Weg. Es gibt aber auch Reiki-Lehrer, welche Reiki mit anderen Augen sehen, was auch ihr gutes Recht ist, und dementsprechend unterrichten. Ich ziehe den Weg vor.

Erwachen oder Vision?

Das Leben ist ein ewiges Werden. Sich für geworden halten heißt sich töten.

Friedrich Hebbel

Eine Frage beschäftigt die Menschheit, nämlich die nach dem Sinn des Lebens. Daraus resultiert auch die Suche nach der letzten Wirklichkeit, die man im weitesten Sinn als Gott bezeichnet. Die Suche wird von der Gottesvorstellung des

Einzelnen bestimmt. Kultur und Überlieferung, auch die volkstümliche, prägen die Vorstellung des Göttlichen und Übersinnlichen. Das ist auch wünschenswert, bietet doch jede Religion eine Orientierungsmöglichkeit.

So absurd es auch klingen mag, stellt jede Weglehre einen religionsfreien Raum dar und doch liegt eine gewaltige spirituelle Tiefe darin. Spiritualität ist nicht an einem bestimmten Glauben gebunden, sondern an eine universelle Philosophie. Obwohl jeder glaubt, die einzig wahre Religion zu vertreten, besitzen wäre das falsche Wort, so muss man diesen Anspruch entweder jedem oder keinem zugestehen. Selbst ein Atheist kann ein ebenso spirituelles Leben führen wie ein Tiefgläubiger.

Weglehren müssen sogar auf religiöse Vorstellungen verzichten, da sie sonst ihre Universalität verlieren würden, die sie für jeden, ohne Rücksicht auf den Glauben, gangbar machen. Sobald die religiösen Ansichten einer Richtung eingebracht werden, verschließt sich der Zugang für Andersgläubige. Weiters besteht die Gefahr der Intoleranz.

Wo liegt aber das Ziel eines Weges, wenn nicht im Letzten? Genau dort, aber es ist nicht durch Glauben, sondern Erfahrung erreichbar, welche weder in Worten noch Bildern ausgedrückt werden kann. Wenn etwas nicht dargestellt werden kann, liegt darin auch kein logisch verwertbares Wissen. Um es verständlicher zu machen, möchte ich den Zen-Meister Shinichi Hisamatsu zitieren und anmerken, dass positiv und negativ hier keinerlei wertendes Element enthält.

Die Buddha-Natur erscheint und wird zum absolut Positiven. Hier ist die Buddha-Natur nicht mehr immanent-latent, sondern sie ist absolut gegenwärtig. Gewöhnlich hält man die Buddha-Natur für etwas Immanentes. Aber die wahre Buddha-Natur ist weder transzendent noch immanent, noch irgendwo in der Mitte, sondern ist ewige Gegenwart, die all dies überschreitet. Das Erscheinen dieser Selbstheit oder ihr Erwachen ist nämlich Satori. Das Selbsterwachen ist natürlich weder ein Glauben an die Selbstheit, noch ein gegenständliches Empfinden der Selbstheit, auch nicht der Wunsch nach ihr, ihre innerliche Schau oder ein Wissen über sie, sondern das Erwachen der Selbstheit an der Selbstheit selbst. In dieser Bedeutung ist es zwar ein Selbsterwachen, aber nicht wie das naive Selbsterwachen bei der ersten, der humanistischen Seinsweise, die nichts von der absoluten Negativität des Menschen ahnt, sondern es ist ein gründliches Selbsterwachen von tiefer Dimension, das die absolute Negation überwunden hat. Es ist das wahre Selbst, der wahre Mensch. Genau dieses Selbsterwachen ist ‚Buddha‘ im Buddhismus. Deswegen wird Buddha ‚Buddha‘, das heißt der Erwachte, der Erleuchtete genannt. In diesem Selbsterwachen wird die Passivität, die Abhängigkeit und auch die heteronome Theonomie der dritten Seinsweise (Die theistische Seinsweise, bei der alles durch eine höhere Macht erhalten und bestimmt wird; Anm. des Verfassers) überwunden, und der Mensch wird absolut autonom und aktiv. Der Mensch ist absolut selbständig und unabhängig, absolut autonom, bedarf außer sich selbst keiner Stütze durch einen ‚Gott als anderen‘ oder einen Buddha.

Wie ist es also möglich, wenn die Seinsweise des Selbsterwachens, welche Buddha darstellt, die eigentliche Seinsweise ist, dass entweder Symbole von einer ‚höheren Macht‘ übermittelt oder ein ‚Gott als anderer‘ auftritt? Es ist ein Schritt ins Nichtexistente, in die Leere, im Taoismus ‚Sinn‘ genannt. Jede gegenständliche Erklärung entspringt einer eingeschränkten Sichtweise, der äußeren oder inneren

Wahrnehmung. Auch in den folgenden Sätzen bringt Shinichi Hisamatsu die Warnung davor zum Ausdruck, Buddha bei anderen zu suchen, so als ob er vom Selbst getrennt existieren würde.

Die Seinsweise des Satori ist das Selbsterwachen des absoluten Subjekts, desjenigen Subjekts, das nicht durch Dinge, nicht durch das Herz, ja nicht einmal durch Buddha gefesselt wird. Es ist formlos und lässt doch jede Form erscheinen. Und während es sie erscheinen lässt, wird es durch das Erscheinenlassen nicht gefesselt – weder durch das, was erschienen ist, noch durch das Erscheinenlassen selbst - , es gestaltet die Welt unendlich im Raum, es schafft Geschichte grenzenlos in der Zeit.
Wenn du mich, ohne dich auf Worte zu stützen, ohne Buchstaben, ohne körperliche Bewegung und ohne Tätigkeit des Geistes fragen kannst: Was ist Selbsterwachen? – dann werde ich dir unmittelbar und subjektiv, klipp und klar antworten.

Satori schließt also jede Form erklärbarer und bildhafter Vision aus. Damit hinkt auch die so oft kolportierte Erfahrung von der Erscheinung eines alles überstrahlenden Lichtes oder dem Sehen intensiver Farben. Selbstverständlich ist das möglich und passiert immer wieder, steht jedoch nicht in Beziehung zu Satori. Wenn also beim Satori jede Gegenständlichkeit und Erklärbarkeit unmöglich ist, ist die Geschichte um die Form Herrn Usuis Satori unglaubwürdig. Warum wird sie trotzdem erzählt und wie kam es dazu? Und wie zu allen anderen Erzählungen rund um Reiki?

Projektion, Illusion und Interpretation

Wahres Unglück bringt der falsche Wahn.

Friedrich Schiller

Im Zen wird mit ‚Mayoi' der Zustand der Unwissenheit bezeichnet, und zwar unabhängig von den intellektuellen Fähigkeiten. Gemeint ist damit die Illusion oder der Glaube an etwas, das nicht der Realität entspricht. Natürlich ist hier die Frage berechtigt, was eigentlich real ist. Womit wir bei der Gegenfrage wären, wie unser Intellekt Realität definiert und wovon diese Definition abhängt. Unabhängig davon muss jedem bewusst sein, dass unser Bewusstsein dem Vorurteil des unterscheidenden Denkens unterliegt. Anstatt zusammenzuführen kommt es zur Trennung von Objekt und Subjekt. Wir neigen dazu, die Welt der Erscheinungen, materiell wie spirituell, für die gesamte und zusammengehörende Wirklichkeit zu halten. Im Japanischen steht für den kleinen Bereich der Welt, welchen man mit Sinnen erfassen kann, der Begriff ‚Shiki'.

Jetzt wäre es an der Zeit eine Diskussion darüber zu führen, über wie viele Sinne der Mensch verfügt. Die üblichen fünf Sinne sind hinreichend bekannt. Wie sieht es allerdings mit dem sogenannten ‚Sechsten Sinn' aus? Existiert er und wenn, ist es damit möglich eine erweiterte Wirklichkeit wahrzunehmen oder gaukelt er uns diese nur vor? Wie dem auch sei, werden trotzdem die Informationen, welche dieser ‚Übersinn' vermittelt, von unserem vorurteilsgeprägten Bewusstsein interpretiert.

Zugang zu anderen Seinsbereichen erlangt man in einem veränderten Bewusstseinszustand, der durch Trance- oder Meditationstechniken erreicht werden kann. Dabei werden Hirnstromwellen produziert, welche zwischen Alpha- und Thetabereich liegen und durch EEG nachgewiesen werden können. Woher dann die Bilder oder Informationen kommen, ist jedoch unklar. Es gibt Theorien darüber, die man glauben kann oder auch nicht, aber kein gesichertes Wissen.

Scheinbar sind sie jedoch von der kulturellen, sozialen und religiösen Prägung des Mediums abhängig. Im Schamanismus treten Tierführer oder Stammesgötter auf, im Christentum sind es Engelserscheinungen, im Buddhismus Boddhisattvas. Selbstverständlich kann man diese Liste beliebig erweitern, auch unter dem Gesichtspunkt, dass manch einer Interesse an zwei oder mehr Traditionen zeigt.

Hieraus lassen sich, wenn man die Realität dieser Erscheinungen als gegeben annimmt, mehrere Schlussfolgerungen ziehen. Einerseits müsste man davon ausgehen, dass alle diese Figuren real, wenn auch auf einer anderen Ebene existieren. Das würde aber auch bedeuten, dass jede Religion ihre eigenen Gottheiten hat und somit im Besitze einer Wahrheit ist.

Vielleicht existiert aber auch nur ein Gott mit einer Schar von Helfern und nur das Erscheinungsbild ist ein anderes. Statt Schutzengeln sieht ein Native-American eben einen Schutzbären. Dann wären schamanische Totemtiere auf die eine oder andere Art identisch mit Engeln. Dieselbe göttliche Ordnung, welche sich einfach in anderen Bildern ausdrückt, liegt in dieser Möglichkeit.

Besteht man allerdings auf der Wahrheit einer einzigen Religion wie dem Christentum, dann gelten wieder andere Regeln. Die Erscheinung beispielsweise christlicher Heiliger oder der Erzengel wird als real betrachtet, damit würden aber zugleich die Visionäre anderer Religionen automatisch zu Verrückten mit Wahnvorstellungen gemacht werden. Ist diese Vorstellung nicht erschreckend?

Oder entspringen diese Darstellungen unserer Unwissenheit, aus der wieder Unsicherheit entsteht? Liegt es in unserer Sehnsucht nach einer höheren Führung, welche uns die Verantwortung für das Leben abnimmt? Sind wir deshalb auf der Suche nach einem persönlichen Gott, der alle positiven Eigenschaften in sich vereint? Aber ist ein Gott mit Eigenschaften nicht eine sehr menschliche Vorstellung, so wie auch die vom Paradies? Gelten die Worte ‚Ihr sollt euch kein Bild von Gott machen‘ nur für bildhafte Darstellungen, oder nicht doch auch für unsere Vorstellung von ihm?

Betrachten wir noch eine weitere Möglichkeit, die ebenfalls eine Erklärung bieten könnte. Ich gehe einmal davon aus, dass eine letzte allgegenwärtige Wirklichkeit existiert, die sich aber jeder Erklärung und damit jeder Vorstellung entzieht, wie sie auch im Taoismus bekannt ist. Weil sie sich aber jeder Logik entzieht, versucht ihr der Mensch auf seine Weise Gestalt zu geben und aus dem Nichtverständnis des unendlich Gegenwärtigen, also ‚Gottes‘, benutzt er als Mittler ‚Spirituelle Führer‘, deren Aussehen der jeweiligen Kultur entspricht. Nur existieren sie jetzt oder nicht? Sicher für den, der ihrer bedarf.

Illusion ist nicht an Materie gebunden, sondern bezeichnet alleine unsere Sicht der Welt, da wir nicht fähig sind objektiv zu urteilen. Der Mensch sieht, was er sehen will, und projiziert dabei auch sein Weltbild auf jede Situation oder Illusion. Da uns aber die Objektivität fehlt, wird jede Form der Erklärung zur Interpretation. Im Zen heißt es: *„Das Wiedergegebene ist kein wahrer Buddha.“* Die Gottesvorstellung des Menschen ist eine Interpretation seiner Seinsweise, eine Projektion des menschlichen Geistes, um eine persönliche und verkörperte Gottesvorstellung zu erhalten.

Wohin führt allerdings diese Möglichkeit, die für viele ebenfalls erschreckend scheint? Zu Milliarden Göttern, denn jeder Mensch hätte seinen eigenen, persönlichen Gott, empfangen durch ‚Privatoffenbarung‘. Wenn aber jede Gottesvorstellung einer letzten Wahrheit oder dem einen Gott entspringt, müsste doch auch jeder den gleichen Regeln folgen. Das verhindert jedoch die Projektion des eigenen Selbst und seiner Wunschvorstellungen auf die persönliche Gottheit.

Woher kommen dann aber die göttlichen Botschaften, die übermittelt werden? Direkt von ihm, oder werden sie durch Mittler wie Propheten oder Engel verkündet? Wenn ja, wie weit werden sie dann interpretiert oder missinterpretiert? Was, wenn sie nur unserer Illusion entspringen, dem Geltungs- und Sendungsbewusstsein Einzelner? Ich zweifle nicht an Gott, doch an den von Menschen geschaffenen Religionen und deren Dogmatismus, ebenso an den Aussagen der Wissenden, die Gott und die Schöpfung ‚erklären‘ wollen.

Wenn im Zen gesagt wird: *„Töte den Buddha und die Patriarchen!"*, mag das dem einen oder anderen als Gotteslästerung erscheinen. Doch es ist ein Aufruf zu Selbstverantwortung. Erst wenn das von Menschen geschaffene Bild eines Gottes zerstört ist, löst sich auch die beidseitige Abhängigkeit. Hier ist einer vom anderen abhängig, der Mensch von seinem Gottesbild und der Gott vom bildschaffenden Menschen, denn ohne Bild hört er hier zu existieren auf. Die Patriarchen sind die Wächter über eben dieses Bild, unabhängig von einer bestimmten Religion, das für sie die einzig mögliche Darstellung des Höchsten und seiner Form des Herrschens ist.

Jede Religion, mit all ihren Facetten, hat ihre eigene spezifische Wahrheit, denn sie stellen alle einen Versuch dar, das Letzte zu ergründen. Da letztendlich auch Religionen, trotz eines oder mehrer Götter, die verehrt werden, der Interpretation von Menschen mit ihren Fehlern ausgesetzt sind, wird es immer wieder zu Unmenschlichkeiten kommen, die nicht im Sinne der letzten Wahrheit sind.

Jetzt kann man mir den Vorwurf machen, dass ich Passagen aus dem Buddhismus zitiert habe, und zwar hauptsächlich dem Zen. Also eine ‚Religion‘ auf irgendeine Art vorziehe. Dem ist keineswegs so, für mich ist jeder Glaube, sofern er nicht die Machtansprüche Einzelner stützt, gleich wichtig, doch stellt der Zen eine Philosophie dar, die jedem den Weg zum Letzten eröffnen kann, ohne an bestimmten Glaubensvorstellungen anzuhaften. Jetzt kann man auch noch die Frage stellen, was das alles mit Reiki zu tun hat? Nun, für mich liegt die Antwort auf der Hand, obwohl nicht jeder meiner Meinung sein wird.

Reiki stellt, wieder nur für mich gesprochen, eine reine Weglehre dar, deren Philosophie der des Zen entspricht und auch jener aller anderen Lehren des Do. Diese Philosophie ist untrennbar mit Reiki verbunden, auch wenn diese Aussage dogmatisch erscheint, und muss Bestandteil der Ausbildung sein. Wenn aber, aus welchen Gründen auch immer und von wem auch immer, persönliche religiöse Inhalte oder Glaubensvorstellungen eingebracht werden, die dieser Philosophie der Selbstverantwortung und Selbstbestimmung widersprechen, kommt es zu einer Perversion derselben.

Mein Zweifel an der Geschichte um das Erwachen von Herrn Usui, nicht am Erwachen, um das noch einmal festzuhalten, gründet sich unter anderem auf eine Stelle im Tao-te-king, die ich hier zitieren möchte.

Der Wissende redet nicht.
Der Redende weiß nicht.

Man muss seinen Mund schließen
und seine Pforten zumachen,
seinen Scharfsinn abstumpfen,
seine wirren Gedanken auflösen,
sein Licht mäßigen,
sein Irdisches gemeinsam machen.
Das heißt verborgene Gemeinsamkeit (mit dem Sinn).
Wer die hat, den kann man nicht beeinflussen durch Liebe
und man kann ihn nicht beeinflussen durch Kälte.
Man kann ihn nicht beeinflussen durch Gewinn
und kann ihn nicht beeinflussen durch Schaden.
Man kann ihn nicht beeinflussen durch Herrlichkeit
und kann ihn nicht beeinflussen durch Niedrigkeit.
Darum ist er der Herrlichste auf Erden.

Ich nehme mir die Freiheit Herrn Usui zu den Wissenden zu zählen, welche auch um ihre Fehler gewusst haben. Aus genau diesem Grund ist es mir unvorstellbar, dass die Beschreibung des Satori aus seinem Mund stammt. Denn von der Mäßigung des Lichtes ist hier nichts zu bemerken. Erleuchtung wirkt hier blendend und überstrahlend, ohne die Bescheidenheit eines Meisters widerzuspiegeln. Im Vordergrund der Reiki-Legende steht die Technik des Heilens, welche er dann ausübte, vom Weg dorthin wird nur kurz gesprochen. Und wenn, dann nur in Verbindung mit seiner nachweislich erfundenen Berufung als christlicher Mönch oder Priester. Damit wurde nur eine Parallele zu den Heilungen Jesu erschaffen, um im Westen leichter Fuß zu fassen. Festzuhalten sind noch das Fasten an einem heiligen Berg, wo er letztendlich Satori erfuhr, und seine Studien. Das Wissen um Reiki oder Te-ate, wie im japanischen die Methode des Heilens durch Stimulation des Qi-Flusses mittels Handauflegen heißt, hat er jedoch vom Abt eines buddhistischen Tempels erhalten. Herr Usui ging also einen Weg, der Geduld und jahrelange Arbeit erforderte, bevor er Satori erfuhr. Wie ist es dann möglich, Reiki in nur wenigen Wochen zu erlernen?

Westen und Osten

Es ist erstaunlich, wie wenig die Menschen einander verstehen, aber noch viel erstaunlicher, wie wenig es darauf ankommt.

Hans Krailsheimer

Immer wieder hört man, wie einfach Reiki sei, beim Erlernen und auch bei der Anwendung. Das ist auf eine Weise sicher richtig, aber eben nur auf eine. Im westlichen Reiki wird Wert auf die Einstimmung und die Technik der Anwendung gelegt. Einen Weg, im Sinne des Do, stellt es allerdings in den wenigsten Fällen dar, obwohl der Begriff Spiritualität immer wieder auftaucht. Wie sonst lässt sich erklären, dass im Westen nur einige Wochen nötig sind, während im Osten die Ausbildung Jahre dauert. Manches wird zu leicht gemacht oder jedenfalls so dargestellt. Worin liegen also die Unterschiede und wie kam es dazu?
Eine Ursache liegt in den grundsätzlich verschiedenen Denkweisen von Ost und West. Nicht nur Reiki, auch andere Weglehren wie verschiedene Kampfkünste wurden im Westen auf die Technik reduziert. In der Kampfkunst ist primär der Kampf gegen das eigene Ich wichtig. Bevor du einen anderen besiegen kannst, musst du dich selbst besiegen. Die Auseinandersetzung mit dem Ego, das zentrale Thema jeder

Weglehre, ist ein Prozess, der jahrelang dauert und von einem erfahrenen Meister begleitet wird.

Die Worte Kampf und Auseinandersetzung sind im Westen negativ belegt, werden also bewertet. Hier wird die Harmonie gesucht, oft um jeden Preis. Im Wort ‚gesucht' ist auch der Begriff ‚Sucht' enthalten und wenn man hier eine Brücke schlägt entsteht Harmoniesucht. Man scheut die Auseinandersetzung mit anderen ebenso wie die mit sich selbst. Es entsteht die Illusion einer heilen Welt, die aber nicht der Realität entspricht.

Die Aufgabe des Meisters ist es diese Illusion zu zerstören, was oft schmerzhaft ist. Dies geschieht durch Kritik, die gnadenlos die Schwächen des Schülers aufzeigt. Selbstverständlich lässt sich niemand gerne kritisieren oder beurteilen, vor allem im modernen Westen, also vermeidet man diesen Aspekt des Weges. Dabei übersieht man allerdings eines, kein Mensch kann sich selbst objektiv beurteilen. Er hat ein Selbstbild geschaffen, das nicht der Realität entspricht. Um dieses falsche Selbstbild zu zertrümmern, bedarf es zweier Voraussetzungen, die im Westen nicht gerade populär sind. Einerseits die totale Unterwerfung dem Meister gegenüber, andererseits die Annahme jeder Kritik ohne negative Gefühle zu entwickeln. Beides bedarf großen, gegenseitigen Vertrauens, das in jahrelanger Zusammenarbeit entsteht.

Unterwerfung darf hier nicht falsch verstanden werden, denn sie hat nichts mit blindem Gehorsam zu tun oder der Aufgabe persönlicher Freiheit. Sie bezieht sich alleine auf die Kritik, welche dem Schüler bei seiner inneren Auseinandersetzung hilft. Oscar Wilde hat diese Form der Kritik besonders treffend charakterisiert, nämlich als Schaffen aus Geschaffenem. Wichtig dabei sind Respekt, Bescheidenheit und Selbstdisziplin, um jede Geltungssucht zu verlieren, an der viele scheitern. Das Lernen findet dabei in allen Lebensbereichen, also auch in Beruf und Freizeit statt. Immer wieder überprüft der Meister den Fortschritt des Schülers und nimmt sich Zeit für Gespräche. Das Ende des Prozesses stellt Satori da, die absolute Autonomie von jeder Illusion. Damit hat der Schüler letztendlich die einzige Meisterschaft erreicht, die im Do möglich und erstrebenswert ist. Nämlich die Meisterschaft über das eigene Selbst. Niemand soll allerdings glauben, dass jetzt der Weg zu Ende wäre. Das ewige Werden und Vergehen hat auch hier seine Gültigkeit.

Die Spiritualität kommt dabei nicht in der Verehrung von Göttern oder im Kontakt mit höheren Wesen zum Ausdruck, sondern in der Arbeit an sich selbst, an der Menschwerdung. Nur in der Auseinandersetzung ist es möglich sich selbst zu entdecken. Jetzt kann man mir entgegenhalten, dass durch die Einstimmung ein spiritueller Prozess in Gang gesetzt wird. Sicher, aber er muss auch in Gang gehalten werden. Es ist ein Trugschluss, dass die Einstimmung mit Satori vergleichbar wäre, oder westliches Wunschdenken.

Auf dieser irrigen Annahme gründen sich auch die sogenannten Ferneinweihungen. Hier wird argumentiert, dass auch Herr Usui ‚ferneingeweiht' wurde. Satori kann aber nur durch einen inneren Prozess ausgelöst werden, also nicht durch das Eingreifen höherer Mächte oder eines Meisters. Weiters kann es nicht willentlich herbeigeführt werden, sondern es passiert, entsteht durch Nicht-Handeln. Außerdem frage ich mich, wo bei dieser Praktik die persönliche Begleitung durch den Meister bleibt. Bücherwissen, Telefon oder Kontakte im Internet können diese nicht ersetzen. Mag es auch funktionieren, so ist der Wert, wenn man ihn so bezeichnen will, auf die reine Technik beschränkt. Westliches Denken eben, dem die Tiefe der Wegphilosophie entgangen ist.

Die fragwürdige ‚Ferneinweihung' stellt aber noch lange nicht die Spitze der Absurdität dar. Im Internet existiert eine Seite mit dem Bild Herrn Usuis. So weit, so gut, nur wird aber behauptet, dass das Betrachten des Bildes genügt, um eingestimmt oder eingeweiht zu sein. Wenn ich weniger zurückhaltend wäre, würde ich das als Dummheit zur Potenz bezeichnen, die nicht mehr auslöst, als allgemeine Heiterkeit. Der Computer als Reiki-Lehrer entspricht dem Trend der Zeit, wo Kommunikation von Mensch zu Mensch immer seltener wird. Ein Beispiel will ich noch bringen, das auch zu heftigem Kopfschütteln in Verbindung mit tiefer Verwunderung führte. Ein Reiki-System verspricht den Weg bis zum Lehrer in langen vier Tagen, ‚all-inclusive' eben, wie bei Neckermann. Ob Erleuchtung auch inklusive ist, wird bei diesem Angebot allerdings schamhaft verschwiegen. Angesichts dessen müssen alle, die Reiki auf dem herkömmlichen Weg erlernen, mit Dummheit gestraft sein. Oder sind es vielleicht doch die Anbieter dieser ‚Husch-Pfusch-Verfahren'? Warum hat Herr Usui nicht diesen leichten Weg beschritten, sondern jahrelang an sich gearbeitet? Hat er diese Wege nicht gekannt, dann wäre er unwissend gewesen, woran ich wie gewohnt zweifle, oder existieren sie nur als reine Produkte der Illusion?
Im Westen ist eben ein rascher, scheinbar sichtbarer Erfolg wichtiger, als eine langsame, oft schmerzhafte Entwicklung. Und je mehr sich Reiki zu verbreiten begann, umso weniger Tiefe bekam es. Crash-Kurse in denen 10 bis 20 Personen an einem Wochenende abgefertigt werden, ohne eine Nachbetreuung zu erhalten, sind nur ein weiterer Auswuchs. Fast hat es den Anschein, als ob es zu einer MacDonaldisierung von Reiki als esoterisches Fast-Food kommt. Frei nach dem Motto zum spirituellen Meister in drei Wochenenden. Wer

diese Zeit nicht investieren kann, macht es eben über ein ‚energetisches' Fernstudium.

Der Wunsch, ein Ziel möglichst schnell und ohne Rücksicht auf mögliche Folgen zu erreichen, entspricht dem modernen westlichen Denkmuster. Ein Weg der Besinnung und Einsicht wird zu einer Rennstrecke, auf der man ohne einen Blick zur Seite entlanghastet. Je schneller man sich bewegt, desto weniger nimmt man wahr und merkt irgendwann, dass man sich verirrt hat. Anstatt dies aber zuzugeben, läuft man weiter, denn einen Fehler einzugestehen verletzt das Ego. Mit selbst noch so fadenscheinigen Argumenten wird der Irrweg verteidigt und als etwas dargestellt, das für andere, die eben noch nicht so weit sind, unbegreiflich ist. Wie das Leben so spielt, kann man aber auch weit in die Irre gehen und dass dorthin andere nicht folgen, sollte eigentlich verständlich sein.

Reiki und die Höheren Wesen

Viele Leute glauben, wenn man die Gottesvorstellung aufgäbe, müsse man notwendig allen Religiösen Glauben und alle Moralbegriffe mit aufgeben.
Das ist einfach nicht wahr.

Julian Huxley

In Unkenntnis asiatischer Tradition wurden immer mehr Elemente integriert, die für die Philosophie des Weges absolut wesensfremd sind. Ein weiterer Grund war auch die schwindende Spiritualität, welche eine Leere hinterließ, die gefüllt werden musste. Besonders gerne werden religiöse Gestalten wie Engel oder Heilige hinzugezogen, aber auch sogenannte Lichtwesen. Wie aber bereits gesagt ist jede Weglehre nicht religiös. Das Argument, dass Reiki universell ist und so alles seinen Platz darin findet, ist nicht zutreffend. Denn gerade in einer nicht religiös geprägten Weltanschauung liegt die Universalität.

Wenn der Mensch in der Weglehre autonom werden soll, also aus sich selbst heraus leben, dann ist es doch seltsam, dass immer um höheren Beistand gebeten wird. Einige behaupten sogar, dass Engel oder Lichtwesen die Einstimmungen unterstützen. Sogar den Chakren, die aus der hinduistischen und buddhistischen Lehre stammen, werden die Erzengel zugeordnet, was an Absurdität fast nicht zu überbieten ist.

Der Gedanke an das Eingreifen höherer Mächte ist in dieser Beziehung in Japan und China vollkommen unbekannt und eine rein westliche Erfindung. Natürlich werden auch dort Götter verehrt, aber nicht in Verbindung mit einer Weglehre oder der traditionellen Medizin. Die Religion bleibt jedem selbst überlassen. Ein Zitat von Mahatma Gandhi spiegelt auch die pragmatische religiöse Einstellung östlicher Denkweise wider:

Es gibt unzählige Definitionen von Gott. Doch ich bete Gott nur als die Wahrheit an.

Aus diesen Worten spricht aber auch eine klare Einfachheit, die zur Schlichtheit im Glauben und im Leben mahnt. Gandhi war ein Mensch, der in sich selbst ruhte und Veränderung durch seine eigene Kraft bewirkte. Er brauchte keine Hilfe von höheren Wesen, um einem Land die Freiheit zu bringen.

Wenn ein Mann solch eine Tat aus eigener Kraft vollbringt, ohne die Hilfe höherer Wesen, wozu braucht man dann bei einer Einstimmung deren Zutun? Herr Usui erreichte Satori ohne die Hilfe höherer Mächte. Sind Reiki-Lehrer nicht soweit, aus sich heraus zu handeln, Kraft und Sicherheit in ihrer inneren Ruhe zu finden? Ist es wirklich notwendig ein Bild von Jesus bei der Einstimmung aufzustellen und alle Erzengel anzurufen? Wovor hat man soviel Angst, dass man diesen ‚Schutz‘ braucht? Oder liegt es daran, dass sie sich selbst und ihren Fähigkeiten nicht trauen bzw. vielleicht damit auch ihre ‚Spiritualität‘ beweisen wollen?

Die gängigsten Antworten darauf sind, dass damit negative Energien abgehalten werden und die Einstimmung intensiver ist. Das zweitere ist rein subjektiv und hängt mit einer bestimmten Erwartungshaltung zusammen. Wo aber kommt die negative Energie, sofern es sie gibt, her?

Die Antwort liegt im Dualismus unseres Denkens, wodurch immer Gegenteile geschaffen werden. Um einen Gegenpol zu den Lichtwesen zu haben, müssen natürlich auch deren böse Gegenspieler existieren. In Form von Teufeln oder Dämonen sind sie Projektionen der dunklen Seite des Menschen und damit durch uns erschaffen. Ihre Existenz liegt in der Illusion des Glaubens, die aber zur objektiven Realität werden kann. Je größer die Angst davor, umso mehr Macht bekommen sie und die angebliche Bedrohung beeinflusst das ganze Sein.

Vielleicht sind diese lichten und dunklen Wesen nur Symbole für den Kampf zwischen Gut und Böse, der in uns tobt, und die wir nach außen projizieren. Damit geben wir natürlich wieder die Selbstverantwortung ab. Man wird vom Bösen verführt und vom Guten gerettet oder erlöst. Selbst Entscheidungen über wichtige Fragen werden von ihnen getroffen, wenn wir uns nur auf die Führung von ‚oben‘ verlassen. Hier kommt wieder das Channeling ins Spiel. Wenn ‚Gott‘ uns alles nötige Wissen mitgegeben hat, bedarf es keiner Nachrichten aus dem Jenseits, aus Atlantis oder von den Plejaden. Man möge mir meine Zweifel verzeihen, aber wieso kann man nicht einfach sagen:

„Diese Worte kommen aus meinem Selbst."? Sind sie dann weniger wichtig oder wahr? Es ist doch wirklich nicht notwendig, ständig höhere Mächte vorzuschieben oder zu konsultieren, auch wenn es noch so verlockend ist.

Noch einmal zurück zu Mahatma Gandhi, der in Gott die Wahrheit sieht, und zwar eine, die alles in sich trägt. Wenn wir Teil dieser Wahrheit sind, brauchen wir auch keine Mittler, um uns ihr zu nähern. Oder trägt nicht jeder Teil das Ganze in sich, im Großen wie im Kleinen? Sobald wir Mittler brauchen, die nicht als Symbole verstanden, sondern personifiziert werden, fühlen wir uns getrennt vom Ganzen oder Gott. Wir bekommen eine Interpretation des Letzten von objektiv anderen, die aber dadurch wiederum subjektiv ist. Wer Reiki in seiner vielfältigen Einfachheit und großen Tiefe begreifen will, muss aus sich selbst heraus handeln, ohne die Hilfe lichter Wesen und ohne die Angst vor dem Dunkel. Wer die Wahrheit in sich findet, findet auch das Letzte. Nur im Innen, nicht im Außen findet ein Weg statt. Äußere Einfachheit, in Erscheinung, Wort und Handlung, zeigt innere Größe.

Die Intelligenz des Qi

Wahre Worte sind nicht schön,
schöne Worte sind nicht wahr.

Lao-tse

Es wird immer von Reiki-Energie gesprochen, sogar von göttlicher, die stets zum Wohle des Empfängers wirkt. Für den Betrachter entsteht der Eindruck, dass hier mit der ‚höchsten‘ Energie gearbeitet wird. Wieder hat das von Hierarchien geprägte, westliche Denken mit voller Wucht zugeschlagen. Außerdem ist es natürlich ein sehr beruhigendes Gefühl, mit dem Höchsten zu arbeiten. Das stellt einen sofort über andere, die mit ‚niedrigeren' Energien arbeiten. Nachtigall ich hör dir trapsen, man möge mir diesen unqualifizierten Ausdruck verzeihen, aber mir war gerade danach. Kommt da nicht ein etwas übersteigertes Geltungsbedürfnis zum Ausdruck? Der Anspruch auf das ‚Höchste', egal in welcher Form, lässt mich immer nachdenklich werden, zaubert aber auch ein lächelndes Schmunzeln auf meine Lippen. Wie schön wäre es, wenn man den Wertigkeiten endlich den Rücken kehrte, liegt doch der wahre Wert im Sein an sich.

In China und Japan wird diese Energie profan als Qi oder Ki bezeichnet. Alle Richtungen des Qi-gong, von denen Reiki eine darstellt, arbeiten damit, wie auch Akupunktur und Akupressur. Bereits 1977 haben Forscher festgestellt, dass Qi, welches aus den Händen eines Qi-gong-Meisters strömt, aus elektromagnetischen Schwingungen, statischer Elektrizität, Infrarotstrahlen und Teilchenströmen besteht. Damit ist es der Physik zuzuordnen, nicht aber der Religion. Wenden wir uns aber einmal dessen allgemeiner Bedeutung zu.

Als Qi wird die kosmische Kraft betrachtet, welche alle Dinge belebt und durchdringt. Die Urenergie Yuan-qi, welche im Tao liegt, stellt den unsichtbaren primären Antrieb alles Seienden dar. Leben entsteht und erhält sich daraus. Wenn man dieser Definition folgt, ist alles göttlich, denn jedes Ding setzt sich aus Qi zusammen und handelt aus ihm heraus. Die Folgerung ist sehr einfach, entweder ist alles göttlich oder nichts. Im Tao-te-king heißt es:

Der große Sinn ist überströmend;
er kann zur Rechten sein und zur Linken.

Alle Dinge verdanken ihm ihr Dasein,
und er verweigert sich ihnen nicht.

Wenn aber alles dem Yuan-qi, der Urenergie, entspringt, so muss diese auch völlig neutral sein. Wie sonst wäre es zu erklären, dass auch ‚böse' Menschen existieren? Mit westlichen Worten gesagt, schuf Gott das Gute und das Böse. Alles stammt aus einer Quelle, wo das Wasser klar und rein heraussprudelt. Der lebensspendende Fluss, welcher daraus entspringt, erleidet aber bald das Schicksal aller Flüsse. Menschliche Dummheit, Arroganz, Gier und Geltungssucht beginnen aus dem Wasser eine Kloake zu machen. Der Fluss wird aufgestaut, Abwässer werden eingeleitet und zwischendurch wird er in ein enges Bett gezwängt. Irgendwann verkommt er zu einem stinkenden Rinnsal und versiegt fast zur Gänze. Der Mensch ist es, welcher sich den Zugang zur Quelle verbaut und die Energie verschmutzt. Was aber nicht bedeutet, dass sie böse ist.

Wie kann es aber passieren, dass auch sogenannte schlechte Menschen sich das Qi zunutze machen? Ich weiß, es wird immer wieder gesagt, dass Qi nur zu guten Zwecken eingesetzt werden kann. Leider ist das ein Wunschdenken, welches der Realität widerspricht und einem Heile-Welt-Glauben entspringt. Ein Teil jeder Weglehre ist die Technik, welche sich in manueller und mentaler Fertigkeit ausdrückt. Die Übung im Qigong und der Kampfkunst verleiht dem Praktizierenden außergewöhnliche Fähigkeiten, die aber nicht an spirituelles Wachstum gebunden sind. Wer hier widerspricht, möge das vorige Kapitel noch einmal lesen.

Qi kann also zu praktischen Zwecken eingesetzt werden und zwar von jedem, der die Technik erlernt hat. Hier kommt der Meister wieder ins Spiel, welcher entscheidet, ob der Schüler bereits reif genug für den nächsten Schritt ist. Nur damit kann

Missbrauch verhindert werden, was beweist, dass auch zuviel Offenheit Schaden anrichten kann. Sicherlich kann das auch ein Computer entscheiden und ebenso ein Meister, der über eine Entfernung von hunderten von Kilometern unbekannterweise jemanden einstimmt. Wäre dem nicht so, so müsste man es mit Bestimmtheit ablehnen. Was ich hiermit für mich mache, obwohl meine Meinung ja nicht maßgeblich ist. Ich nehme mir allerdings die demokratische Freiheit Kritik zu üben, die selbstverständlich auch jenen zusteht, welche diese Praktiken verbreiten.

Das Qi findet seinen Weg und weiß, wo es gebraucht wird. Zum Teil stimmt es, warum aber nur zum Teil? Wenn es so einfach wäre, müsste man die Hände einfach irgendwo auflegen, die Akupunkturnadeln irgendwo hineinstechen und könnte willkürlich eine Körperstelle mit Akupressur behandeln. Warum aber hat man sich dann die Mühe gemacht, über Jahrtausende das System der Meridiane zu erforschen und die Akupunkturpunkte festzustellen? Es wäre überheblich, den Frauen und Männern, welche diese Arbeit geleistet haben, vorzuwerfen, dass sie vor lauter Bäumen den Wald nicht gesehen haben. Also hat es seinen Sinn, an bestimmten Punkten und Körperregionen zu arbeiten.

Obwohl alles aus Qi besteht und aus ihm heraus handelt, ist es doch notwendig, um Blockaden im Meridiansystem zu lösen, bestimmte Punkte zu stimulieren. Also führen alleine die Handpositionen im Reiki, welche auf den Meridianen liegen und damit auch auf ganz bestimmten Akupunkturpunkten, die Behauptung, dass Qi sowieso seinen Weg findet, ad absurdum. Der Widerspruch ist hier offensichtlich. Aber keine Angst, Reiki wirkt trotzdem, auch wenn das Qi neutral bzw. universell ist.

Reiki kritisch betrachtet

Man gewinnt immer, wenn man erfährt, was andere von uns denken.

Goethe

Was gibt es an Reiki zu kritisieren und darf man das überhaupt? Selbstverständlich, denn sonst wäre ein System perfekt und endgültig. Das endgültig Perfekte existiert aber nicht auf dieser Welt, wie wir immer wieder schmerzvoll erfahren müssen. Ich will auch keine Kritik an Reiki üben, aber aufzeigen, wohin es führt, wenn weiterhin so damit umgegangen wird.
Der folgende Artikel stammt aus dem Buch ‚Qi, Lebenskraftkonzepte in China, Definition, Theorien und Grundlagen' von Dr. Phil. Manfred Kubny, erschienen im Haug Verlag, Heidelberg.

Dieser Begriff (lingqi, Anm. des Verfassers) ist in Europa unter der japanischen Bezeichnung Reiki besser bekannt. vgl. Shoo Gaickan 1977, Vol.XII:467: Die Zeichen dieses Binomen sind mit denen des oben genannten Begriffes lingqi identisch. Das Reiki-Konzept, das auch in Deutschland im Zusammenhang verschiedener okkulter und höchst unklar definierter Vorstellungen in esoterischen Zirkeln Verwendung findet, basiert ursprünglicherweise auf einem daoistischen Körper-Seele-Konzept, das sich aus den Elementen „qualitativ ausgeprägter menschlicher Geist" shen, „körperliche Feinststoffe" jing und Qi zusammensetzt. Innerhalb dieses Konzepts übernimmt die Realität eines alles durchdringenden „Herzens" xin eine führende und leitende Funktion über die

Funktionen des Körpers ein, von denen sie einerseits erzeugt wird, und die es andererseits durch eine Rückkopplung auch beeinflussen kann. Der Begriff Reiki scheint auf einer Uminterpretation dieses ehemals daoistischen Konzepts zu beruhen, denn er ist einerseits in keiner literarischen Quelle des klassischen Chinesisch als eigenes Konzept zu finden, so wie es durch den Begriff Reiki ausgedrückt wird. Im weitesten Sinne könnte man den Begriff Reiki, der direkt übersetzt „Qi eines nicht qualitativ ausgeprägten Geistes" oder aber auch das „spirituelle Qi" heißen könnte, als ein schamanistisches Konzept beschreiben, denn das chinesische Wort ling (Uap. Rei) bedeutet ursprünglich „Regenbeschwörung". Es stellt im oberen Teil das Piktogramm für Regen, im mittleren Teil drei geöffnete Münder und im unteren Teil das Zeichen für „Zauberer" oder „Schamane" dar. Im Rahmen eines Körperkonzeptes bezeichnet der Begriff rei zumindest innerhalb medizinischer und daoistischer gereatrischer Texte des klassischen Chinesisch „qualitativ unausgeprägte spirituelle Zustände oder Institutionen". Auf welchem Wege das Zeichen rei zu einem eigenständigen Konzept innerhalb des Binomens „Reiki" werden konnte, so wie es heute innerhalb der japanisch beeinflussten Esoterik verwendet wird, ist nicht nachvollziehbar. Es scheint sich auf jeden Fall um ein neueres Konzept zu handeln, da sich darüber sowohl in Japan als auch in China keine klassische Literatur finden lässt. Daher bestehen meines Erachtens sogar Zweifel, ob es gar eine japanische Sekundärliteratur hierzu gibt, die auf eine längere Tradition zurückblicken kann.

Betrachten wir den Text jetzt einmal genauer. Dem Vorwurf, dass Reiki oft in Verbindung mit okkulten Praktiken, siehe Channeling, gebracht und gelehrt wird, kann ich leider nicht widersprechen. Dazu gehören auch alle pseudoreligiösen Vorstellungen, sowie die Vorstellung des personifizierten Bösen. Ein weiterer Punkt, warum es zu dieser Einschätzung kommt, ist die unvollkommene Übersetzung japanischer und chinesischer Begriffe. Der Sinn, welcher ihnen im Osten zugrunde liegt, wird verwestlicht. Dadurch ist das in Amerika und Europa bekannte Reiki-Konzept sehr unklar definiert und der Bezug zu den Ursprüngen verloren gegangen. Eine Verbindung stellt die Philosophie des Weges, welche später behandelt wird, dar. Die Technik des Übertragens von Qi wird aber in der klassischen chinesischen Literatur des Öfteren beschrieben, wie wir noch sehen.

Wenden wir uns zuerst einmal dem westlichen Konzept von Reiki zu und vergleichen es mit den östlichen Vorstellungen. Vereinfacht dargestellt wird Qi durch das Scheitelchakra aufgenommen, im Herzchakra transformiert und durch die Hände abgegeben. Zuerst müssen wir in Betracht ziehen, dass die Chakrenlehre in der traditionellen chinesischen und japanischen Medizin keine Bedeutung hat. Hier werden folgende natürliche Quellen beschrieben, Qi aufzunehmen:

Das Yuan-Qi oder Ursprungs-Qi übertragen die Eltern auf das Kind. Als Speicherorgan dient ihm die Niere und es bestimmt die Konstitution.

Das Gu-Qi oder Nahrungs-Qi ist die nächste Form. Das Gu-Qi wird der Nahrung entzogen.

Das Kong-Qi oder Luft-Qi ist die dritte Form. Aus der Luft gewinnt der Mensch das ‚Natürliche-Luft-Qi‘.

Zwischen diesen drei Formen des Qi bestehen keine qualitativen Unterschiede. Sie vermischen sich und verteilen sich im ganzen Körper. Das auf diese Weise aufgenommene Qi wird unter den Begriffen Zheng-Qi, normales Qi, oder Zhen-Qi, wahres Qi, zusammengefasst und hat folgende Aufgaben:

Qi ist die Quelle jeder Bewegung, nicht jedoch seine Ursache. Seine Bewegung folgt den vier Hauptrichtungen, Aufsteigen, Absteigen, Kommen und Gehen. Kommt es bei diesen Bewegungen zu Disharmonien, so entsteht Krankheit.

Das Qi bietet Schutz vor äußeren Einflüssen.

Nahrung wird von Qi in körpereigene Stoffe umgewandelt.

Mit Hilfe von Qi bleibt das Blut in seinen Bahnen und die Organe an ihrem Platz. Weiters verhindert es Flüssigkeitsverlust.

Das Qi wärmt unseren Körper.

Im Laufe der Jahrtausende wurden im Qi-gong verschiedene Formen entwickelt, um den Qi-Strom anzuregen und Disharmonien zu beseitigen. Folgende Methoden können wir grob unterscheiden:

Körperlich passive Übungen, die zu einer vollkommenen Entspannung, einer Regulierung des Atems und zu einem Nach-Innen-Wenden führen.

Körperlich aktive Übungen, die zu einer Koordination von Geist, Atem und Körper führen.

Übungen die eine Abhärtung und Kraftentwicklung als Ziel haben.

Methoden Qi auf die eine oder andere Art zu übertragen.

All diese Methoden folgen aber dem selben grundlegenden Ablauf des Feinstoff-Qi-Geist-Konzepts. Jetzt müssen wir uns zuerst den Begriffen Jing und Shen zuwenden, sowie deren Bedeutung. Im Anschluss betrachten wir noch einmal die Bedeutung des Herzens.

Jing, die ‚Essenz‘, wird manchmal auch mit Samen oder Sperma übersetzt und bezeichnet die Energie, welche die Entwicklung des Menschen steuert. Bei der Empfängnis kommt es zu einer Verschmelzung des elterlichen Jing und es entsteht das ‚Vorgeburtliche Jing‘, das die Entwicklung des einzelnen Menschen bestimmt. Ist es erschöpft, so tritt der natürliche Tod ein. Um Jing-Disharmonien, die unvollständige Reifung, Fortpflanzungsunfähigkeit und vorzeitiges Altern verursachen, vorzubeugen, versucht man es im Qi-gong durch die verschiedensten Übungen zu bewahren.

Shen steht für den persönlichen Geist des Menschen, kann aber auch mit Gottheit, magisch, Geist und Seele übersetzt werden. Gemeinsam mit Qi und Jing ist er für die Lebenskraft verantwortlich und bezeichnet in den Kampfkünsten und Weglehren das Niveau der wahren Meisterschaft. Während Jing die Quelle des Lebens ist und Qi die Kraft diese zu bewegen, ist Shen die Vitalität, welche hinter beiden steht. Shen ist ein Teil des Körpers, da die Trennung von Körper und Geist in China fremd ist, und sitzt im obersten Dan-tian, dem Kopf. Er beinhaltet das Bewusstsein und damit die Fähigkeit zu denken, zu wählen und zu unterscheiden. Shen-Disharmonien machen sich unter anderem durch Gewalttätigkeit, unangebrachte Reaktionen auf die Umwelt, Verwirrung, Vergesslichkeit und Schlaflosigkeit bemerkbar. Ist der Geist in Harmonie, zeichnet er sich durch Kreativität und den Wunsch zu lernen aus. Gefördert wird Shen durch Kontemplation, schöne Künste und eine unerschütterliche Gelassenheit. Dabei sollen die Emotionen gelassen bleiben und weiters Rivalitäten, Aufregungen, der Wunsch zu siegen und Feindseligkeiten gegenstandslos werden.

Xin, das Herz, stellt eine übergeordnete Instanz im Körper im Sinne eines mental-emotionalen Zentrums dar. Hier vereinigen sich die einzelnen Komponenten des Lebens zur Einheit des lebendigen Körpers. Das zeigen auch die weiteren Bedeutungen des Wortes ‚xin‘, nämlich Wissen, Bewusstsein, Vorstellung und Denken. Das Herz ist demgemäß Sitz der Persönlichkeit und nicht das energetische Zentrum des Menschen. Das wird im unteren Dan-tian lokalisiert. Auch wird der Begriff ‚Liebe‘ mit dem Herzen assoziiert, was nur bedingt richtig ist, denn sie stellt nur einen Aspekt des Lebens und damit der Persönlichkeit dar. Sie sollte also nicht überbewertet werden, auch unter dem Gesichtspunkt, dass eines das andere bedingt, denn Liebe ist die Kehrseite von Hass. Richtigerweise müsste also das Herz, als mental-emotionales Zentrum, im Reiki für ein ausgeglichenes Wesen stehen, durch das es erst möglich wird, Qi aufzunehmen. Eine starke Persönlichkeit, die in sich ruht, kann dann auch die Funktionen des Körpers und damit Jing, die Feinstoffe, positiv beeinflussen.

Qi, Jing und Shen stellen die ‚San-bao‘, die drei inneren Schätze im Taoismus dar und alle Übungen zielen auf ihr Bewahren oder Vermehren ab. Und dafür gibt es ein Konzept, nämlich das Feinstoff-Qi-Geist-Konzept, welches auch das Herz miteinbezieht. Denn hier ist das Herz die Wurzel des

Körpers und wenn sich darin die Feinstoffe sammeln, dann erfassen sich Blut und Qi gegenseitig. Blut wird hier nicht im medizinischen Sinne verstanden, sondern als Kraft der Bewegung, welche das Qi im Körper verteilt. Geschieht dies, so gibt es nach dieser Auffassung nichts, woran der Mensch leidet. Somit ist die Persönlichkeit in Harmonie mit sich. Wir können uns das in fünf Schritten vorstellen, wobei die Parallelen zum Ablauf der Reikianwendung sehr auffällig sind. Diese fünf grundsätzlichen Wandlungsstufen vollziehen sich bei allen Übungen des Qi-gong.

Zuerst wird der Geist gefestigt und damit der Grundstein gelegt, um Qi zu sammeln. Den Geist festigen heißt nichts anderes, als dass wir uns zentrieren, also zur Ruhe kommen. Genau das machen wir vor jeder Reiki-Anwendung.

Dann wird Qi angesammelt, um Feinstoffe zu erzeugen, die wir brauchen, um unsere Gesundheit zu erhalten. Wenn wir einen Vergleich zu Reiki ziehen, so sehen wir, dass wir hier auch etwas für die eigene Gesundheit tun, auch wenn wir später Qi abgeben.

Dann werden die Feinstoffe zu Qi umgewandelt. Es kommt also wieder zu einer Transformation, wie sie auch im Reiki beschrieben wird. Erst danach, wo das Qi bereits für uns etwas getan hat, geben wir davon weiter. Selbstverständlich nicht alles.

Im nächsten Schritt wird Qi zu Geist gewandelt. Hier müssen wir gleich zwei Dinge beachten. Erstens muss der Geist klar sein, um Gesundheit zu erlangen, somit wird auch eine psychologische Komponente angesprochen. Zweitens entspricht diese Wandlung der Ansicht von Qi-gong-Meistern, wonach bei einer Fernanwendung Qi in Shen, also geistige Energie transformiert wird.

Zu guter Letzt wird der Geist ins Nichts zurückgeführt. Das letzte Ziel ist also auch hier eine vollkommene innere Leere, mit anderen Worten Satori. Wo wir wieder bei der Philosophie des Weges sind.

Qi bildet hier immer die Brücke zwischen Geist und Feinstoffen. Alle Transformationen bedürfen also dem Qi, der Lebensenergie. Ohne diese Kraft erlischt jede Bewegung und damit das Leben.
Wie wir sehen, existiert also ein Konzept, nur wissen es die wenigsten. Statt immer neue Symbole und Erklärungen zu finden, ist es oft sinnvoller in den klassischen Texten zu suchen. Der Legende nach hat ja auch Herr Usui diese studiert. Es ist jedoch nirgends überliefert, dass er sein Wissen durch Channeling oder ähnliche Praktiken erworben hat.

Qi-Übertragung in China

Die neuesten Bücher sind jene, die nicht altern.

Holbrook Jackson

In vielen klassischen Texten Chinas wird das Übertragen von Qi beschrieben. Wenn wir an die engen kulturellen und religiösen Verbindungen zwischen China und Japan denken, ist es sehr wahrscheinlich, dass diese Bücher auch ihren Weg nach Japan fanden. Auch dort wurden die Techniken schon vor

Jahrhunderten angewandt. Heute wird es im Qi-gong als ‚Wai-qi‘, äußeres Qi, bezeichnet, damals hieß es ‚Bu-qi‘, streuendes Qi.

Erstmals wird im Jinshu, den ‚Aufzeichnungen über die Jin-Dynastie‘ (256 – 420) eine Qi-Übertragung beschrieben. Xing Ling unterstützte damit die Heilung der Nonne Mu Huang von ihren Lähmungen. Daraufhin baten hunderte Menschen um seine Hilfe.

Spuren von Bu-qi finden sich auch im Huang-di-Nei-jing, dem ‚Buch des gelben Kaisers‘, welches als Grundlagenwerk der traditionellen chinesischen Medizin gilt.

Ein klarer Hinweis findet sich ‚Dongpo Zhilin‘, das Su Shi während der Song-Dynastie (960 – 1279) verfasst hat. Er schreibt Folgendes:

Diejenigen, die das Tao studieren und das Qi nähren und pflegen, können das Qi nehmen und anderen Menschen geben. Im Distrikt ist es der taoistische Meister Li Ruo, der dies kann und streuendes Qi nennt.

Dabei wurde das Qi nicht nur mit den Händen übertragen, sondern beispielsweise auch von Mund zu Mund weitergegeben, wie es im ‚Chunzu Jiwen‘ aus der Song-Dynastie beschrieben wird. Weiters finden sich Übertragungen nur durch Konzentration, indem der Kranke dem Qi-gong-Meister gegenüberstand und das Qi aufnahm. In Japan wurde im 15. Jh. die Qi-Übertragung beispielsweise in der Kampfkunstschule Tenshin Shoden Katori Shinto-ryu unter dem Namen Te-ate, das Auflegen der Hände, gelehrt.

Wenn wir das alles in Betracht ziehen, erscheint Reiki gar nicht mehr so mystisch. Und neu ist es bestenfalls im Westen, nicht aber in China und Japan, wo es schon immer, wenn auch unter anderen Namen, praktiziert wurde. Es war also keine göttliche Offenbarung nötig, um diese Technik zu erlernen. Es gab genügend Literatur und auch Meister, um sie zu erlernen. Wir sind immer auf der Suche nach den neuesten Erkenntnissen und vergessen dabei nur allzu oft, dass auch jahrtausendealte Klassiker existieren. Aus den alten Werken habe ich mehr gelernt, als aus der modernen esoterischen Literatur. Sie sind für mich einfach näher an der Quelle.

Moderne Erkenntnisse

Die Tragödie der Wissenschaft – das Erschlagen einer schönen Hypothese durch eine hässliche Tatsache.

Thomas Henry Huxley

Bis jetzt kann man mir den Vorwurf machen, dass ich die Zeichen der Zeit und deren Wandel übersehe. Doch auch der Zeitgeist kann Trends, zwei Worten, welche die Vergänglichkeit in sich tragen, folgen, die der Realität widersprechen. Um mich nicht nur auf alte Meister zu berufen, möchte ich jetzt auch einige moderne und international angesehene Meinungen als Quelle benützen.

Die folgenden Erkenntnisse sind das Ergebnis jahrelanger Forschung professioneller Qi-gong-Organisationen und Forscher im Bereich des Qi-gong. Auslöser für diese Studie, an der sich auch eine Reihe psychiatrischer Kliniken beteiligten, war das Phänomen der abweichenden Übungswirkungen. Obwohl die gesundheitsfördernden und therapeutischen Wirkungen des Qi-gong unbestritten sind, traten bei seiner weltweiten Verbreitung immer mehr sogenannte ‚Abweichungen' auf, deren Erforschung diese Studie galt.

Die Ernsthaftigkeit der vorliegenden Ergebnisse anzuzweifeln, würde bedeuten, die Meinung hochqualifizierter Fachleute, die sich seit Jahrzehnten mit der Erforschung des Qi und seiner Auswirkungen beschäftigen, zu ignorieren. Weiters möchte ich darauf hinweisen, dass die Studie in China, also der Heimat der Philosophie des Qi, durchgeführt wurde. Damit ist auch eine Authentizität zu den Wurzeln gegeben.

Schon in der traditionellen Literatur werden unerwünschte, negative Nebenwirkungen beschrieben. Dort bezeichnet man sie als ‚zouhuo rumo', was übersetzt soviel wie ‚unkontrolliertes Feuer' oder ‚sich in Illusionen verstricken' bedeutet. Heute nennt man es ‚Abweichung' und beschreibt damit Symptome, die den normalen Übungsbereich verlassen, damit den Fortschritt des Übenden hemmen und die sogar den Alltag, beruflich wie privat, beeinträchtigen.

Prof. Zhang Tiange vom Beidaihe Qigong Rehabilitation Hospital in Qinhuangdao hielt auf dem ‚14. Internationalen Psychiatrie-Kongress' zwei Vorträge zu den Themen ‚Qi-gong Abweichungen und deren gesellschaftlicher Hintergrund' und ‚Behandlung psychischer Störungen mit Qi-gong'. Das Folgende ist eine Zusammenfassung aus dem Buch ‚Das Qi kultivieren - Die Lebenskraft nähren' von G. Hildenbrand, M. Geißler und S. Stein, erschienen im ML-Verlag, das ich jedem Interessierten nur empfehlen kann. Die von Prof. Zhang Tiange beschriebenen Reaktionen treten bei allen Methoden des Qi-gong, also auch Reiki, auf. Neben den Reaktionen werden auch die Ursachen und Leitlinien zur Prävention beschrieben.

Normale Übungsreaktionen

1. Qi-Wahrnehmung

2. Reaktionen im Bereich der Leitbahnen

3. Förderung der Verdauungsfunktion

4. Stoffwechselsteigerung

5. Positive Beeinflussung der Sexualfunktionen

6. Gefühle der Freude

7. Steigerung der Merk-, Reaktions- und Wahrnehmungsfähigkeit, auch jener der Selbstwahrnehmung. Weiters zählen auch folgende ‚acht subjektive Übungsempfindungen' zum Bereich des Normalen: Schmerz, Jucken, Kälte, Wärme, Leichtigkeit, Schwere, Glätte und Stumpfheit.

Ungewöhnliche Übungsreaktionen

Sie sind nicht den Abweichungen zuzurechnen, sondern können mittels der Anleitung des Arztes oder Übungsleiters beseitigt werden.

1. Atembeschwerden

2. Erschöpfung bei der Bewegung

3. Übermäßiges Auftreten störender Gedanken

4. Benommenheit, Müdigkeit

5. Unwillkürliches Zittern oder Zucken bei Ruheübungen

Formen der Qi-gong-Abweichung

Hier wird zwischen jenen Unterschieden, welche die Psyche und die Physis betreffen. Auch lassen sich einige Abweichungen als Formen neurotischer Störungen, Anfälle von Hysterie und Formen von Schizophrenie zusammenfassen. Hier möchte ich noch hinzufügen, dass damit Überreaktionen, die immer wieder auftreten oder über einen längeren Zeitraum anhalten, gemeint sind.

Die Psyche betreffend:

1. Trauer

2. Neigung zu Zorn

3. Bedrückung und Unruhe

4. Halluzinationen wie illusorische Wahrnehmung, Photismus, Phonismus, Olfaktorismus.

5. Abwechselndes Lachen und Weinen, begleitet von unaufhörlichem Sprechen oder Singen.

6. Zwangsvorstellungen

7. Das Gefühl von beständigen, ungeordneten Qi-Bewegungen im Körperinneren.

Die Physis betreffend:

1. Druckgefühle im Kopf

2. Kopfschmerzen

3. Schwindel

4. Beklemmung im Bereich der Brust

5. Nervosität und Kurzatmigkeit

6. Atembeschwerden

7. Qi-Stauung in der Herzgrube

8. Diarrhö

9. Schwellung des Bauches

10. Brenngefühl im Dantian

11. Extreme Hitzewahrnehmung an Hüfte und Rücken

12. Unaufhörliche unkontrollierte Bewegung

Ursachen

1. Fehlerhafte Anleitung durch den Übungsleiter oder dessen mangelnde Qualifikation.

2. Die Prinzipien einer differenzierten Auswahl und Anwendung von Methoden wurden nicht beachtet.

3. Aneignung von Qi-gong im Selbststudium ohne direkte Anleitung durch einen Lehrer. Hier besteht die Gefahr, dass wesentliche Grundprinzipien, wie Entspannung-Ruhe-Natürlichkeit, schrittweises Vorgehen, usw., nicht erfasst werden.

4. Ein blindes Streben nach Qi-Wahrnehmung oder dem Auftreten bestimmter innerer Bilder oder Erscheinungen. Dazu zählt auch der Wunsch nach sogenannten ‚außergewöhnlichen Fähigkeiten‘. Es kann dabei passieren, dass der Übende nicht mehr in einen ‚Normalzustand‘ zurückkehrt.

5. Negative Auswirkungen durch ein Erschrecken während der Ruheübungen oder durch das Auftreten unangenehmer oder als furchterregend wahrgenommener Erscheinungen.

6. Menschen mit zurückliegenden psychischen Erkrankungen sind ebenso wie psychisch labile Personen anfällig für negative psychische Beeinflussungen und Suggestionen, die zu Abweichungen führen.

7. Der Einfluss ‚religiöser‘ Vorstellungen kann eine Rolle spielen. Pseudoreligiöse Gruppierungen oder Sekten

instrumentalisieren Qi-gong zur Anwerbung von Anhängern. Auch hier treten negative Übungswirkungen und Abweichungen auf.

Prävention

1. Die Ausbildung und Qualifikation der Übungsleiter muss verbessert werden.

2. Der Patient soll zu Beginn der Qi-gong-Behandlung detaillierte Auskünfte über den eigenen Gesundheitszustand geben und erst nach der Erstellung eines sogenannten Übungsrezeptes mit der Übungspraxis beginnen.

3. Während des Übens sollte der Patient dem Arzt und Übungsleiter jederzeit seinen Übungszustand darstellen. Weiters müssen die Übungsreaktionen ständig kontrolliert werden, um rechtzeitig die richtigen Anleitungen zu geben.

4. Selbststudium und blindes Streben nach außergewöhnlichen Fähigkeiten und Übungswirkungen, wie Halluzinationen, verbieten sich.

5. In Bezug auf die vorher dargestellten ‚acht Übungsempfindungen' sollte man dem Prinzip der Natürlichkeit folgen und sie nicht bewusst anstreben, wenn sie sich nicht selbst einstellen. Treten sie auf, darf sich der Übende nicht an sie klammern, sondern er soll, wenn sie allmählich abklingen, auch hier dem Prinzip der Natürlichkeit entsprechend handeln.

6. Therapeutisches Qi-gong ist eine naturwissenschaftliche Disziplin, Religion gehört in den Bereich der Sozialwissenschaften. Somit handelt es sich um unterschiedliche Bereiche, zwischen denen keinerlei Kausalzusammenhänge bestehen. Es gilt also, dem Missbrauch und den daraus resultierenden Negativwirkungen der Qi-gong-Therapie durch religiöse Gruppierungen oder Sekten Einhalt zu gebieten.

Zum letzten Punkt möchte ich noch eines hinzufügen. Auch wenn man Qi-gong als Weglehre betrachtet und somit einen sozialen Faktor einbringt, stellt man damit noch keinen Zusammenhang zu religiösen Vorstellungen her. In den Weglehren geht es um die Stellung des Menschen zum eigenen Ich, sowie zu seiner Umwelt. Ein Austausch mit angrenzenden Fächern wie der Psychologie, Physiologie, Psychiatrie, Physik sowie Kunst, Kultur und Sport wäre zielführender als die Verbindung zur Religion, deren Autonomie damit gewahrt bliebe.

Die sechs Säulen des Qi-gong

Da Reiki eine Form des Qi-gong darstellt, wollen wir einmal dessen sechs Grundlagen betrachten. Ich gebe hier in Kurzform eine Definition des international anerkannten Qi-gong-Experten Prof. Ling Zhongpeng wieder, der auch Folgendes zu Papier brachte:

„Es existieren zwei grundlegende Auffassungen über Qi-gong: Die eine geht von einem hohen Entwicklungsstand des Qi-gong aus, was zu einer blinden Verehrerschaft führt. Die zweite

Auffassung vertritt die Ansicht, das Qi-gong entbehre jeder wissenschaftlichen Grundlage, und führt so dazu, dass es ignoriert wird. Beide Aussagen sind grundfalsch, beide verstehen nicht, wo das Qi-gong seinen Platz hat.
Die Unsicherheit in der Beurteilung des Qi-gong hat seine Ursache in einem mangelnden Wissen über seine Bedeutung. Häufig findet eine Vermischung mit Magie und Zauberei statt."

Prof. Zhongpeng stellt die sechs Grundbegriffe, welche den gesamten Gehalt des Qi-gong aufzeigen, in drei Ebenen dar. Beginnen wir zuerst mit der mittleren.

Shen, Geist, und **Xing,** Form, Materie, Materielles, repräsentieren in ihrer Beziehung zueinander die Ebene des Menschen und der Gesellschaft. Da die Gesellschaft nach materieller Sicherheit, Xing, strebt, leidet Shen, der Geist, darunter. Die Stabilität einer Gesellschaft hängt aber von der Balance zwischen Geist und Materie ab. Das gilt auch für die individuelle Ebene. Die größtmögliche Entwicklung der menschlichen Fähigkeiten ist nur bei einem Gleichgewicht von Geist und Materie möglich.

Xing, hier für menschliche Natur oder Bewusstsein, und **Ming,** das Leben, sollen aussagen, dass in einem gesunden Körper ein gesunder und wacher Geist wohnen soll. Krankheit entsteht durch ein Missverhältnis zwischen beiden. Hier spielt auch die Psyche eine große Rolle, die für viele Erkrankungen (z.B. Autoimmunerkrankungen, Magengeschwüre, Kopfschmerzen) Auslöser sein kann.

Dao, die unverrückbaren Gesetzmäßigkeiten des Kosmos, und **De,** die subjektive Verarbeitung der Gesetzmäßigkeiten, stehen für das Erkennen und Verstehen höherer Zusammenhänge. Durch Sehen und Hören, das beinhaltet auch das Erfassen der unverrückbaren Regeln des Kosmos, wächst der menschliche Geist. De drückt aus, wieviel der Einzelne von diesen Regeln erfahren und sich zu Eigen gemacht hat.

Die Zusammenhänge zwischen diesen Ebenen sind nicht statisch, sondern in ständiger Bewegung. Das Ziel von Qi-gong ist es eine größtmögliche Balance in diesem dynamischen Spiel herzustellen. Obwohl der Mensch das Dao, die unverrückbaren Gesetzmäßigkeiten, nur subjektiv verstehen und verarbeiten kann, dafür steht De, muss er sich an diese Regeln halten. Geschieht das nicht, so herrscht in der Gesellschaft kein Friede, ebensowenig wie im einzelnen Menschen. Dao und De bilden die Ebene des Makrokosmos, Shen und Xing die mittlere Ebene der Gesellschaft, während Xing und Ming den Mikrokosmos, damit das Individuum, bezeichnen.

Einzig das Tao kann der Mensch nicht beeinflussen, an dessen Gesetze ist er gebunden. Hierin liegt auch unser größtes Problem, denn wir können die Gesetzmäßigkeiten nur durch den Filter unserer persönlichen Vorstellungen wahrnehmen und sie damit letztendlich nicht begreifen oder in Worte fassen. Damit sind auch göttliche Gebote Interpretationen unseres Verstandes. Die einzige Möglichkeit das Tao zu erfahren, liegt jenseits des Intellekts, im Satori, das nur erfahren, nicht aber erklärt werden kann. Somit bleibt all unser Tun nur ein Versuch dem Tao gerecht zu werden und die Balance zu halten.

Der Esoteriksupermarkt

Wenn ich so viele Dinge erreicht habe, so liegt das daran,
dass ich immer nur eine Sache zur gleichen Zeit wollte.

William Pitt

Wieviele Wege kann man eigentlich gehen? Ich meine zur gleichen Zeit. Niemand kann Autobahn und Landstraße gleichzeitig benutzen, und wenn auch alle Wege nach Rom führen, erreichen kann man es nur auf einem. Von der Autobahn auf die Landstraße zu wechseln ist natürlich möglich, aber dann hat man einen Weg verlassen, um einen anderen zu nehmen. Ähnliches gilt in der Esoterik. Man versucht alles zu machen, möglichst auf einmal, anstatt einen Weg zu Ende zu gehen, bevor man den nächsten in Angriff nimmt. Dabei gilt gerade hier, weniger ist mehr. Oder mit den Worten von Prof. Ling Zhongpeng:

„Mit Qi-gong versucht man, erworbene Einflüsse, soweit sie sich störend auswirken, einzuschränken. Viele Übungsmethoden sind hierfür geeignet. Sie alle sind gleichsam Krücken, auf die wir uns stützen. Man braucht allerdings nur einen Stock, um einen Berg zu besteigen. Viele Stöcke auf einmal sind eher hinderlich. Im Qi-gong sollte man sich auf einige wenige wesentliche Methoden beschränken und versuchen, die Essenz der zehntausend Übungen zu erfahren."

Ein Weg ist in sich stimmig, darum ist es wenig sinnvoll alles zu mischen. Schamanentum und Reiki zum Beispiel sind beides Wege, die ein in sich geschlossenes System darstellen. Trotz einiger scheinbarer Gemeinsamkeiten liegen ihnen widersprüchliche Philosophien zugrunde. Das Argument, alles ist eines, verliert hier seine Gültigkeit, welche es erst am Ziel, sofern es dasselbe ist, zurückgewinnt.

Heute existiert kein Esoterikmarkt, sondern ein Supermarkt, in dem alles zu bekommen ist. Ging man früher zum Spezialisten, kaufte die Schuhe beim Schuster und das Brot beim Bäcker, findet man in den Supermärkten einfach alles. Da werden von ein und demselben neben Reiki noch Tarot, Huna, Schamanismus und Runenmagie angeboten. Vielleicht findet sich auch ein Regal für das Druidentum, wahrscheinlich neben den Engeln. Nicht die Einfachheit ist gefragt, sondern man versucht alle Nischen zu besetzen.

Natürlich gibt es auch Sonderangebote, meist um einen neuen Trend marktfähig zu machen. Wobei mir das Wort ‚Trend‘ bitter aufstößt, denn es wertet. Etwas ist ‚in‘ oder ‚out‘, nicht nur im Sport, in der Mode oder anderen Bereichen, sondern auch in der Esoterik. Eine große Gefahr wird oft übersehen, welche die Perversion eines Trends erst deutlich macht, nämlich dass auch Menschen ihnen unterliegen. Dick ist ‚out‘ und schlank ist ‚in‘, was daraus entstand, zeigen die Millionen Magersüchtigen. Wenn der Zeitgeist große Brüste verlangt, stellt auch das heute kein Problem mehr dar. Dabei wird der Mensch auf Äußerlichkeiten reduziert. Dazu zählt letztendlich auch die Meinung, die er ‚äußert‘. Ist diese nicht konform, bleiben nur zwei Möglichkeiten über. Entweder man unterwirft sich dem Gruppenzwang und gibt damit seine Identität auf, oder man steht zu seiner Meinung, was wiederum zum Gruppenausschluss führt. Jetzt ist man endlich ‚Outsider‘, nichtangepasst, was ich in vielen Fällen als durchaus positiv empfinde. Zeitgeist, also der Geist einer Epoche, widerspricht letztendlich dem zeitlosen Sein an sich.

Einem Wochenende Reiki folgt gleich darauf ein Voodoo-Workshop und weil es vielleicht gerade ‚in' ist, macht man zwischendurch noch eine kleine Rückführung, bevor man Samhain feiert. Alle in der Esoterik praktizierten Techniken lösen im Menschen etwas aus und sei es nur auf der psychischen Ebene. Allzu viele Eindrücke, vor allem wenn sie oft widersprüchlich sind, führen zu Verwirrung und im schlimmsten Fall zu Realitätsverlust. Man bewegt sich gleichzeitig auf den verschiedensten Ebenen und versucht verzweifelt einen Spagat, der einen letztendlich zerreißt. Aber Hauptsache man liegt im Trend.

Wichtig sind die Äußerlichkeiten, mit denen man sich schmückt. Egal ob es Edelsteine oder phantasievolle Titel sind. Seminare werden besucht, um sie gemacht zu haben, selten um den Sinn zu ergründen. Und viele Seminarleiter und Lehrer wirken wie Zauberer, nicht wie Meister. Zum Abschluss dieses Teils möchte ich noch eine Geschichte zitieren. ‚Das wahre Buch vom quellenden Urgrund' wird Liä Dsi zugeschrieben und ist eine Sammlung chinesischer Texte aus dem taoistischen Gedankenkreis, stellt aber auch ein vermittelndes Zwischenglied zwischen Konfuzianismus und Taoismus dar. Die Übersetzung stammt von Richard Wilhelm. Es ist eines der Weisheitsbücher, in dem ich immer wieder neue Facetten entdecke und mir bei manch schwierigen Fragen weiterhalf.

Der Zauberer und der Weise

Es war einmal ein göttlicher Zauberer, der kam von Tsi und ließ sich in Dscheng nieder. Sein Name hieß: Gi Hiän. Er wusste Tod und Leben, Sein und Nichtsein, Glück und Unglück, langes und kurzes Leben auf Jahr, Monat, Woche und Tag hinaus genau zu bestimmen wie ein Gott. Wenn die Leute von Dscheng seiner ansichtig wurden, so gingen sie ihm alle aus dem Wege.

Liä Dsi besuchte ihn und sein Herz ward betört. Er kehrte zurück, um es Meister Hu Kiu anzusagen und sprach: „Anfangs hielt ich des Meisters Sinn und Lehre für vollkommen, nun aber gibt es eine, die doch wohl noch vollkommener ist." Meister Hu sprach: „Ich kam mit dir nur bis zum Buchstaben, nicht bis zum Wesen selbst, und nun hast du wirklich den geheimen Sinn erlangt? Was für Eier legen denn die Hennen ohne Hahn? Dass du über den geheimen Sinn mit der Welt streitest, zeigt deine Arglosigkeit, darum hat der Mensch dich in die Hand bekommen und aus deinen Mienen gelesen. Versuch es einmal, ihn mit hierher zu bringen, damit ich es ihm zeige."

Andern Tags kam Liä Dsi mit ihm vor den Meister Hu. Beim Hinausgehen sprach er zu Liä Dsi: „Wehe, dein Lehrer wird sterben und nicht am Leben bleiben, er kann es höchstens noch eine Woche lang treiben. Ich habe Wunderliches gesehen, ich habe feuchte Asche gesehen."

Liä Dsi ging wieder hinein und weinte bitterlich, also dass die Tränen seine Kleider feuchteten, und sagte es dem Meister Hu. Meister Hu sprach: „Ich habe ihm soeben im Geiste die äußere Form der Erde gezeigt, wenn die Keime sich noch nicht regen und noch nicht da sind. So sah er wohl die Wirkung meiner Lebenskraft in verhaltenem Zustand. Komm noch einmal mit ihm."

Tags darauf kam er wieder mit ihm vor den Meister Hu. Beim Hinausgehen sprach er zu Liä Dsi: „Zum Glück hat dein Lehrer mich getroffen. Er ist geheilt. Er hat völliges Leben. Ich sah eine gleichstehende Waage."

Liä Dsi ging hinein und sagte es dem Meister Hu. Meister Hu sprach: „Ich habe ihm soeben im Geiste den vom Himmel

*befruchteten Boden gezeigt. Ohne dass von außen her ein
Begriff oder etwas Wirkliches in ihn eingeht, regte sich zu
meinen Füßen der Kreislauf des Lebens. Das war die
gleichstehende Waage. So sah er mich wohl im Zustand meiner
Güte. Komm noch einmal mit ihm."*

*Tags darauf kam er wieder mit ihm vor den Meister. Beim
Hinausgehen sagte er zu Liä Dsi: „Dein Lehrer ist nicht
gesammelt, darum kann ich nicht in seinen Mienen lesen. Er
soll versuchen sich zu sammeln, dann will ich wieder seine
Mienen deuten."*

*Liä Dsi ging hinein und sagte es dem Meister Hu. Meister Hu
sagte: „Eben zeigte ich ihm im Geiste die große unergründliche
Tiefe. So hat er wohl die Wirkungen meiner Beharrungskraft
verspürt. Aber komm wieder mit ihm."*

*Tags darauf kam er wieder mit ihm vor den Meister. Aber noch
ehe er sich hingestellt hatte, verlor er die Fassung und lief weg.
Meister Hu sprach: „Lauf ihm nach!" Liä Dsi lief ihm nach,
holte ihn aber nicht ein. Er kam zurück, meldete es dem Meister
Hu und sprach: „Er ist verschwunden, er hat sich verloren, ich
konnte seiner nicht habhaft werden."*

*Meister Hu sprach: „Eben habe ich ihm im Geiste gezeigt, wie
vor aller Dinge Anfang mein Vater (der SINN) hervortrat. Ich
bot ihm das Wesenlose und war unpersönlich. Er wusste nicht,
was er daraus machen sollte. Es war ihm wie stürmender
Wirbel, es war ihm wie fließende Wogen, darum lief er weg."*

*Danach meinte Liä Dsi, dass er noch nicht die Anfänge gelernt
habe. Er ging heim und kam drei Jahre lang nicht hervor. Er
kochte für sein Weib und brachte den Schweinen das Futter,
gleich als ob es Menschen wären. Um andere Geschäfte
kümmerte er sich nicht. Allerhand Schmuck und Zier schaffte er
ab. Nur die einfache Form ließ er bestehen. Alles Zerstreuende
beseitigte er. Und das Eine dadurch erlangte er.*

Das Üben der Vernunft

Vernunft – das ist so etwas wie ansteckende Gesundheit.

Alberto Moravia

Warum geschieht es immer wieder, dass wir ‚Zauberern' folgen und die Weisen missachten? Genau diese Frage wollen wir uns hier stellen. Es ist auch unwesentlich, in welcher Gestalt der Zauberer auftritt, ob als Esoteriker, Geistlicher, Politiker oder Wirtschaftsboss. Mit welchen Mitteln arbeiten sie, dass sie so erfolgreich sind? Einfach gesagt ist ihr Arbeitsfeld unsere Psyche. Selbstverständlich nicht immer, aber leider oft genug. Das Schlimme daran ist, dass wir uns gerne beeinflussen lassen. Sie glauben mir wahrscheinlich nicht, aber es ist so. Sie packen uns an der Eitelkeit, indem sie uns nach dem Mund reden. Ganz ehrlich, wer fühlt sich nicht geschmeichelt, wenn er in seiner Meinung bestätigt wird? Und sie versprechen uns, dass sie unsere Wünsche wahr werden lassen. Ist doch auch schön, oder? Gerade in Ausnahmesituationen wie Wirtschaftskrisen oder politischen Umwälzungen, aber auch bei persönlichem Leid wie beispielsweise Krankheiten, Todesfällen, Einsamkeit oder Trennung sind wir besonders anfällig dafür.

Wie können wir uns davor schützen, hinter solchen Zauberern, die meist nur eigennützige Ziele verfolgen, herzulaufen? Die Antwort ist durch Fragen, durch Hinterfragen der eigenen Wünsche und auch der des anderen.

Fragen Sie ...

... warum fasziniert mich so, was dieser Mensch sagt?

... was an meiner Situation macht mich anfällig für seine Versprechen?

... warum bin ich bereit, meine Vernunft Illusionen zu opfern?

... welche Gründe hat der andere, so zu handeln?

... bleibt dabei meine persönliche Freiheit gewahrt?

... soll ich etwas machen, nur weil es möglich scheint?

... meint er das so, wie er es sagt?

... ist der Weg wirklich so leicht wie versprochen?

... ist er mit meinem Gewissen vereinbar?

... findet sich ein Widerspruch?

... auf welchen Grundlagen baut der Weg auf?

Ein Lehrer hat immer mehr Fragen als Antworten und manchmal wird er nicht antworten. Das ist bitte keine Überheblichkeit, sondern er lässt dem Schüler die Freiheit eine Antwort zu finden. Auch wenn es drei Jahre dauert, wie bei Liädsi. Beurteilen Sie einen Lehrer also immer nach seinen Fragen, selbst wenn sie noch so unangenehm sind. Ihr eigener Lehrer können Sie sein, indem Sie sich selbst unangenehme Fragen stellen und sie so wahrheitsgetreu wie möglich beantworten. Nicht in die eigene Tasche schwindeln, gell!

WEGSKIZZEN

Der Sinn des Reisens ist,
an ein Ziel zu kommen,
der Sinn des Wanderns,
unterwegs zu sein.

Theodor Heuss

Warum einen Weg nicht zu Ende gehen?

Jedem ist freigestellt, ob und wie weit er einen Weg geht. Aber ist es nicht schade, etwas zu beginnen und nicht zu beenden? Der zweite Grad ist nur ein nächster Schritt, sollte aber nicht der letzte bleiben. Das Ziel in der Philosophie des Do, sofern es überhaupt eines gibt, ist Satori. Auch ein Meister oder Lehrer darf nicht einfach gemütlich die Beine hochlegen und glauben, alles erreicht zu haben. Ob man ein guter Kämpfer, Künstler oder Heiler ist, wird als zweitrangig betrachtet, da jeder Mensch über andere Anlagen verfügt. Wachstum in jeder Form, ob körperlich, mental oder spirituell, ist also von der einzelnen Persönlichkeit abhängig. Natürlich auch vom Meister, denn er muss dieser Individualität große Beachtung schenken und pflichtgemäß dem Schüler helfen, sein Potential vollkommen auszuschöpfen.

Wie sieht nun der Weg des Reiki aus, wenn wir ihn aus dem Blickwinkel des Ostens betrachten? Dazu müssen wir unsere Eile und auch viele unserer westlichen Vorstellungen hinter uns lassen. Beim östlichen Verständnis wird auch klar, dass Reiki mit der modernen Esoterik sehr wenig zu tun hat, sondern einer uralten Philosophie entspringt, die unter anderem auch die traditionelle chinesische und japanische Medizin beeinflusst hat. Für jeden, der bereit ist, hart an sich zu arbeiten, stellt Reiki einen wunderbaren Weg der Stille und Einsicht dar.

Okuden oder der Schüler des Weges

Des Schülers Kraft entzündet sich am Meister; doch schürt sein
jugendlicher Hauch zum Dank des Meisters Feuer auch.

Emanuel Geibel

Bereits in meinem ersten Buch ‚Reiki und das Tao' habe ich mich mit dem Begriff des ‚Wegschülers' beschäftigt. Hier möchte ich mich jetzt spezifisch auf den zweiten Grad beziehen, denn hier wird der Unterschied zwischen Tradition und Moderne besonders deutlich. Auch wenn man nicht die strengen Richtlinien der traditionellen Meister als Maßstab nimmt, was im Westen auch fast unmöglich ist und im modernen Japan ebenso, tauchen grobe Ungereimtheiten zu manchen ‚pseudo-esoterischen' Vorstellungen über Reiki auf.

Mit Okuden wird die fortgeschrittene Stufe in den Weglehren bezeichnet, wo die Formlehre, Omote, bereits gemeistert ist. Eine wegorientierte Lehrer-Schüler-Verbindung entstand erst nach einer oftmals langen Bewährungszeit. Die Förderung eines Schülers ohne dessen Bereitschaft zum inneren Kampf, die Fähigkeit zum Opfer und Ideal galt als Verrat am Weg. In der ersten Stufe musste der Schüler Treue, Geduld und Ausdauer beweisen. Erst wenn er den Sinn und die Notwendigkeit einer Lehrer-Schüler-Beziehung erkannt hat, wird er vom Übenden zum Schüler.

Aber das alleine genügt noch lange nicht. Denn zu Beginn verbraucht der Anfänger viel Energie im Kampf um persönliche Anerkennung und Geltung, ein Verhalten, dass auch bei Kindern zu beobachten ist, wo es Teil der natürlichen Entwicklung ist. Im Streben um das Erreichen höherer

Ausbildungsstufen kommt es zu einer Auseinandersetzung über Recht und Unrecht, Eifersüchteleien mit anderen, die man zu überflügeln versucht. Oft wird auch der Lehrer in Frage gestellt, da er den Schüler in seinem Tun nicht bestätigt. Der technische Fortschritt alleine ist zuwenig.

Immer wieder bremst der Meister den Geltungsdrang durch Hindernisse, die er in den Weg legt. Denn die Kämpfe an sich sind nicht wichtig, nur der menschliche Inhalt und das, was daraus entsteht. Die stete Auseinandersetzung bringt die innere Haltung zutage. Hier zeigt sich dann die Fähigkeit, die eigene Individualität zugunsten eines höheren Ideals zurückzustellen. Wer den Kampf um das eigene Image und das damit verbundene Prestige scheut, sieht den Weg nicht und bekommt ihn nicht gelehrt.

Wer das jetzt als Geheimnistuerei oder Anmaßung der Lehrer abtut, die einen Weg nicht freigeben wollen, hat, und zu dieser Formulierung stehe ich, nicht das Geringste verstanden und will die Gefahren nicht sehen. Aber die gibt es auch nicht laut der allgemeinen Reiki-Lehrmeinung, der ich mich nicht anschließen kann. So leid es mir auch tut, dazu reicht mein Verständnis nicht.

Der Kampf eines Schülers mit sich selbst, kann ins Ungleichgewicht geraten. Die Folgen sind in seiner Haltung gegenüber sich selbst und der Umwelt erkennbar. Jede krasse Widersprüchlichkeit im Verhalten ist unangebracht. Wenn ein Schüler beispielsweise im Dojo, der Schule, auch sehr diszipliniert auftritt, aber im Alltag unbeherrscht ist, seine Mitmenschen nicht achtet, so ist er noch sehr weit vom Weg entfernt. Nicht vom Ziel, wie ich noch betonen möchte, denn ein Ziel im Sinne von Ankommen gibt es hier nicht. Wer sich am Ziele glaubt, geht zurück, sagte schon Lao-tse. Was will er uns damit sagen? Die Antwort ist sehr einfach und, wie meist bei ihm, für alle Lebensbereiche gültig. Wann immer wir glauben, am Ziel zu sein, alles erreicht zu haben, ob materiell, beruflich, privat oder spirituell, wiegen wir uns in einer trügerischen Sicherheit. Sie verbirgt die Realität hinter der Illusion von etwas scheinbar Fertigem, die das eigene Selbst und dessen Leistung damit über andere erhebt. Man glaubt fälschlicherweise das Ideal erreicht zu haben oder sogar zu sein, beginnt andere Menschen an sich zu messen und steht dann wieder am Anfang. Wie aber kann man das vermeiden?

Vergessen wir einmal alle Rituale, Symbole und Techniken, die uns helfen sollen. Beginnen wir dort mit der Arbeit, wo es am wichtigsten ist, nämlich bei uns selbst. Denn dort setzt der zweite Grad an, bei der weiteren inneren Erforschung des Selbst. Und der erste Schritt ist ein Tritt, geradewegs in den mächtigen Hintern unseres Egos. Um jetzt keine Missverständnisse aufkommen zu lassen, diesen Tritt hole ich mir selbstverständlich auch selbst, und zwar Tag für Tag. Manchmal lasse ich ihn mir auch verpassen und es tut gut, wenn der Schmerz nachlässt. Denn auch ein Lehrer bleibt Zeit seines Lebens Schüler. Die folgenden Begriffe werden dem einen oder anderen vielleicht antiquiert anmuten, doch ohne deren Verständnis und Umsetzung im Alltag kein Weg.

Über den Sinn von Regeln

Die Vernunft ist für den Weisen,
das Gesetz für den Unweisen.

Aus China

Es braucht jetzt niemand Angst zu haben, dass hier Regeln aufgestellt werden, aber wir wollen einmal darüber sprechen, ob und, wenn ja, warum, man sie braucht. Ich will jetzt nicht über einzelne Regeln und Gesetze reden, so unter dem Motto, was ist mit dieser, die ist doch überflüssig. Betrachten wir das Thema generell, ohne uns in Einzelheiten zu verlieren. Wie gehen wir also mit Gesetzen und Regeln um?

Seltsamerweise ist es so, dass viele Regeln, geschriebene oder ungeschriebene, nur für andere gelten, man selbst ist selbstverständlich darüber erhaben. Vielleicht liegt es an unserem Drang nach Freiheit, und da wir nicht sehr bescheiden sind, wollen wir auch hier das Absolute. Obwohl ich daran zweifle, dass es in einem Universum, in dem alles mit allem verbunden ist, diese Form der Freiheit überhaupt gibt. Doch wie sieht jetzt die Praxis aus?

Um der Universalität der Weglehren gerecht zu werden, will ich ein Beispiel aus dem Alltag bringen, das Autofahren. Aber was hat das wieder mit Reiki zu tun? Gerade in profanen Alltagssituationen sieht man sehr schön, wie eigennützig und überheblich unser Verhalten oft ist. Auf den meisten Straßen gibt es Geschwindigkeitsbeschränkungen, obwohl das viele nicht zu wissen scheinen. Oder ignorieren sie diese nur und wenn ja, warum? Also auf die Autobahn.

Ich fahre jetzt mit 130, schneller ist nicht erlaubt, und nähere mich einem Lastwagen. Wie vorgeschrieben setze ich den Blinker, vergewissere mich dass neben und knapp hinter mir niemand fährt, dann wechsle ich die Fahrspur. Während des Überholvorganges nähert sich plötzlich von hinten ein Wagen mit weit überhöhter Geschwindigkeit und bittet mich höflich mit der Lichthupe den Fahrstreifen freizugeben. Da aber der LKW auf einer Seite meines Autos ist und auf der anderen sich die Mittelleitschiene befindet, fällt es mir außerordentlich schwer, vor allem, da ich mich nicht in Luft auflösen kann, der netten Aufforderung Folge zu leisten. Der Fahrer hinter mir ist aber nicht nur sehr höflich, sondern auch hilfsbereit. Da er begriffen zu haben scheint, dass ich nicht schneller fahren kann, will er etwas anschieben und kommt immer näher. Bevor er mir aber seine Hilfe angedeihen lassen kann, bin ich leider mit dem Überholen fertig und wechsle, vorschriftsmäßig den Blinker setzend, zurück auf die erste Fahrspur. Jetzt hat er auch meine Intelligenz erkannt, wie ein Fingertippen auf die Stirn beweist.

Eine Situation, die tagtäglich auf unseren Straßen passiert. Wen wundern da die Bilder von Unfällen und Verkehrstoten in Zeitung und TV, mich nicht, ehrlich. Und warum? Weil man sich selbst überschätzt, den Kick sucht und vielleicht als guter, rasanter Autofahrer dastehen will. Der Grund liegt also darin, dass die Schleicher schlechte Autofahrer sind, die Verkehrsplaner keine Ahnung haben und die Bäume an den falschen Stellen stehen. So argumentieren wenigstens jene, für die Verkehrsregeln nicht gelten. Oder ist es Rücksichtslosigkeit aus Selbstüberschätzung, gepaart mit übersteigertem Geltungsdrang, wodurch andere gefährdet werden? Ich glaube, dass die Antwort auf der Hand liegt.

Was aber wenn außer mir niemand auf der Autobahn unterwegs ist? Dann gefährde ich niemanden und kann, nach dieser Logik jedenfalls, aufs Gas steigen. Außerdem ist das Herz meines Autos ja ein Turbomotor mit 180 PS und das Fahrwerk auch für höhere Geschwindigkeiten ausgelegt. Das mag sein, aber ist das die Straße auch? Und wie steht es mit der Gefährdung? Hier frage ich, ob nicht auch das Glück der eigenen Familie gefährdet ist, wenn man selbst verunglückt? Nicht durch Fremdverschulden, sondern durch eigene Dummheit.

Wenn jemand bereit ist, im Straßenverkehr langsamere und schwächere, aber auch sich selbst zu gefährden, der tut dies auch in anderen Lebenslagen auf die eine oder andere Art. Es muss nicht immer um Leib und Leben gehen, obwohl man durch seelische Rücksichtslosigkeit Menschen in den Selbstmord treiben kann.

Ein zweites Beispiel will ich noch kurz erwähnen, welches ebenfalls die Ignoranz und Missachtung gegenüber anderen zeigt, nämlich den Urlaub. Wie das, wird jetzt mancher fragen. Da ich es wirklich nur kurz erwähnen will, stelle ich zwei Fragen. Erstens, wer geht zu Hause am Sonntag in kurzen Hosen, Badeschlapfen und T-Shirt in die Kirche? Zweitens, verlangen wir nicht auch von unseren Besuchern, den Touristen, dass sie sich unserer Kultur angepasst benehmen? Auch wenn ich eine Kirche, eine Moschee oder sonst eine religiöse Stätte nur aus kunstgeschichtlichem Interesse besuche, so darf ich nie vergessen, dass für die Einheimischen mit jedem dieser Plätze eine spirituelle Bedeutung verbunden ist. Ungehöriges Verhalten, dazu gehört auch ein Verstoß gegen die geltende Kleiderordnung, bedeutet eine Missachtung der Gastgeber und ihrer Gefühle. Wenn ein Land, wie oft in der dritten Welt, vom Tourismus abhängig ist, stellt diese Ignoranz sogar eine seelische Vergewaltigung dar. Denn obwohl man unter der Prostitution der heiligen Stätten leidet, hat man keine Möglichkeit sich dagegen zu wehren. Es ist doch schrecklich zu erleben, wie sich manche Europäer über die abergläubischen Vorstellungen sogenannter Naturvölker lustig machen und in Bermuda-Shorts und körperumspannenden Hawaii-Hemden deren heiligen Ritualen beiwohnen, daheim aber fein gekleidet zur Wallfahrt in mit Reliquien und Heiligenbildern geschmückte Kirchen schreiten. Ist der Unterschied, die sterblichen Überreste der geehrten Vorfahren zu Hause aufzubewahren oder den Stockzahn eines christlichen Heiligen in einer Kirche anzubeten, wirklich so groß? Achten wir also auch die Regeln der anderen, wenn wir dasselbe von ihnen verlangen.

Regeln sind also dazu da, um das Zusammenleben von Menschen möglich zu machen. Hier nehme ich nur jene ‚Gesetze‘ aus, welche einer kleinen Gruppe von Menschen die Macht über die Mehrheit gibt. Wir brauchen sie einfach deswegen, um die Gesellschaft und damit den Einzelnen vor Rücksichtslosigkeit zu schützen. Da es uns aber an Einsicht fehlt, sind Regeln oft nur durch Kontrolle und letzten Endes einer Strafe, die meist nichts bringt, durchzusetzen. In den Weglehren gibt es keine Bestrafung, aber wer keine Einsicht zeigt, bleibt stehen. Und worin liegt die Einsicht hier und wie erlangt man sie? Nun, indem man an sich arbeitet.

Die folgenden Punkte mögen vielleicht zu einem besseren Verständnis beitragen:

Man soll keine Regel hinterfragen, ohne über ihren tieferen Sinn nachzudenken. Dazu braucht es oft lange Zeit.

Wenn man eine Regel nur aus Angst vor Bestrafung befolgt, so heißt es, dass man deren Sinn nicht erkannt hat.

Eine Regel gilt auch dann, wenn scheinbar kein Grund dafür vorliegt. Sich falsch zu verhalten, weil die Situation es gestattet, heißt, dass man den Sinn der Regel nicht erkannt hat.

Wenn man den Sinn einer Regel erkannt und dann verinnerlicht hat, braucht man sie nicht mehr. Man wird dann intuitiv und richtig der Situation angepasst handeln.

Regeln sind also da, um sowohl dem Schüler als auch dem Lehrer die Möglichkeit zu geben, den Fortschritt auf dem Weg zu überprüfen. Wenn ein Schüler im Dojo sich vorbildlich verhält, außerhalb im Alltag aber rücksichtsloses und selbstgefälliges Verhalten zeigt, so weist das auf einen wenig ausgereiften Charakter hin. Und was hat das jetzt mit Reiki zu tun?
Lassen wir einmal die Technik des Reiki beiseite und wenden uns den fünf Reiki-Regeln zu. Nicht die Frage, wie kann ich Reiki hier oder dort einsetzen, obwohl das auch wichtig ist, bringt uns als Mensch weiter, sondern eine innere Auseinandersetzung mit diesen Einsichten. Fragt also euren Lehrer weniger nach der Technik, um zu heilen, sondern sucht die intensive Auseinandersetzung mit ihr oder ihm und damit den fünf Regeln, um selbst heil oder ganz zu werden und einen Schritt weiter zu gehen. Was, wenn der Lehrer dazu nicht bereit ist? Die Antwort kann sich jeder selbst geben.
Betrachten wir also Regeln und Gesetze nicht als etwas Einengendes, sondern als Prüfstein für unseren Fortschritt und dafür, wie sehr wir bereit sind, unseren Egoismus zugunsten eines geregelten Miteinanders, auch multikulturell, zurückzustellen. Wer nicht bereit ist, sich an Regeln zu halten, beweist nur eines, nämlich dass er die Bedürfnisse anderer missachtet und seine Wahrheit für richtiger hält. Sind wir eine

Gesellschaft, deren Regeln auch den Schwachen eine Chance gibt oder gilt das Recht des Stärkeren?

Bevor wir nun weitergehen, will ich trotz der Gefahr mich zu wiederholen, noch einmal die fünf Reiki-Lebensregeln bringen. Vielleicht werden sie jetzt ein bisschen anders gesehen, gelesen und verstanden als in meinem ersten Buch. Wer diese Prinzipien im Alltag anwendet, hat einen ersten Schritt auf dem Weg getan.

Die fünf Reiki-Prinzipien

Ohne Grundsätze ist der Mensch wie ein Schiff ohne Steuer und Kompass.

Samuel Smiles

Diese Regeln liegen in der Tradition aller Weglehren und werden dort ‚Dojokun' genannt. Es sind, einfach ausgedrückt, praktische Anleitungen zur Übung der rechten Haltung gegenüber sich und anderen. Sie stellen damit die Verbindung zwischen der Technik und der Philosophie des Weges dar. Im Grunde ist die Aussage dieser Regeln in allen Weglehren inhaltlich gleich, auch wenn andere Worte gebraucht werden.

Der Sinn der Dojokun liegt nicht im reinen Befolgen oder Interpretieren, ohne über die eigene Haltung nachzudenken. Dann wären es wieder nur ‚Gesetze', die man, aus Angst vor den vielleicht negativen Folgen, einhält. Fortschritt liegt nicht nur im theoretischen Verständnis, sondern in der praktischen Verhaltensübung, in Japan Saho genannt, durch die innere Blockaden, in der Bedeutung von falschem Verhalten, erst überwunden werden. Denn gerade menschliches Fehlverhalten führt zu einem Verlust von Qi und damit auch der Gesundheit. Diese Prinzipien sind das Zentrum der Übung und eine Auseinandersetzung mit ihnen macht einen Kampf um Selbsterkenntnis und Erkenntnis erst möglich. Ohne sie bleibt Reiki nur auf die Technik beschränkt und ist damit unvollständig.

Die fünf Prinzipien des Reiki dienen als Hilfe im täglichen Leben und sind nicht Moralvorschriften im Sinne von Geboten oder Verboten. Ursprünglich wurden diese Lebensregeln vom japanischen Meiji-Kaiser formuliert und dann von Herrn Usui übernommen. In der von 1868 - 1912 dauernden Meiji-Periode wurde per kaiserlichem Erlass der Feudalismus aufgehoben und den Samurai das letzte Privileg, nämlich das Tragen eines Schwertes, genommen. Beim Tod des Meiji-Tenno Mutsuhitos 1912 gehörte Japan als erster asiatischer Staat zu den Großmächten. Das nur so nebenbei.

Es sind Denkansätze, die uns zu einer harmonischeren Lebensweise verhelfen können. Es bleibt jedem selbst überlassen, sich damit zu befassen oder auch nicht. Ein verantwortungsvoller Lehrer wird allerdings den Fortschritt seiner Wegschüler daran messen. Ich gebe zu bedenken, dass nur die persönliche Auseinandersetzung mit ihnen und nicht das Übernehmen anderer Auslegungen, zu einem Erkennen des tieferen Sinnes führt. Diese Leitsätze bestimmen unsere geistige Entwicklung auf dem Weg bis hin zu unserer natürlichen Bestimmung.

Die Dojokun betreffen alle übergeordneten Bereiche unseres Lebens und weisen einen Weg zur geistigen Unabhängigkeit von den Formen. Der essentielle Inhalt der Dojokun aller Weglehren ist der gleiche, nämlich die Stellung des Menschen zu sich selbst und zur Welt, der Weg des rechten Strebens, Verhaltensregeln und rechtes Handeln.

Auch die Reiki-Prinzipien beruhen auf diesen Grundlagen, wobei nicht die Formulierung im Vordergrund steht, sondern der tiefere Sinn. Eine Gemeinsamkeit der fünf Regeln ist das Wort ‚heute'. Es soll uns darauf hinweisen, dass die Auseinandersetzung des Menschen mit sich selbst immer stattfinden muss. Es zählt stets das Jetzt, denn nur in der Gegenwart ist Erkenntnis, Wachstum und Änderung möglich. Lösen wir uns aus der Gefangenschaft der Vergangenheit und Zukunft. Leben wir dort, wo das Leben stattfindet, im Jetzt.

1) **ÄRGERE DICH HEUTE NICHT.** Im Mittelpunkt dieser Regel steht unser inneres Gleichgewicht, das Verhältnis zum eigenen Selbst. Der Übende soll angehalten werden sich in alltäglichen Situationen selbstkritisch zu betrachten. Meistens liegt der Grund für jeden Ärger in uns. Diese inneren Probleme, zu denen Egoismus, Überheblichkeit, Selbstmitleid, Vorurteile und Selbstüberschätzung gehören, führen in vielen Situationen oft zu unkontrollierten Gefühlsausbrüchen und stehen damit dem Fortschritt im Weg. Eine Frage sei mir hier gestattet, die jeder ehrlich beantworten sollte. Ärgert immer ein anderer uns oder ärgern wir uns nicht vielmehr über den anderen? Wenn das zweite zutrifft, dann liegt der Ärger in uns, ist also ein Problem des Ego. Nur durch eine ehrliche und selbstkritische Betrachtung können wir diese Probleme überwinden und eine Meisterschaft über das eigene Selbst erlangen.

2) **SEI HEUTE DANKBAR.** Eine Auseinandersetzung mit dieser Regel soll zu einem harmonischen Verhältnis zwischen dem Übenden und seiner Umwelt führen. Wie oft reagieren wir undankbar, weil alles als selbstverständlich angesehen wird. Dankbarkeit auch den kleinen Dingen und

Gesten gegenüber, ermöglicht eine realistische Selbsteinschätzung, die Grundlage unserer Kommunikation ist. Beobachten wir uns, wie oft wir die zwei kleinen Wörter ‚bitte' und ‚danke' verwenden. Das ist einmal ein Anfang. Das rechte Gleichgewicht zwischen Innen und Außen muss auch in der Haltung erkennbar sein, da sonst keine tiefgehende Beziehung möglich ist. Nichts ist selbstverständlich, weder im Beruf, noch im Privatleben oder Dojo. Weiters gebe ich zu überlegen, ob man für eine gutgemeinte Kritik nicht auch dankbar sein sollte, ohne sie gleich als Angriff auf die eigene Wertigkeit zu sehen.

3) **SORGE DICH HEUTE NICHT.** Die meisten Sorgen machen sich die Menschen um die Zukunft und vergessen dabei die Gegenwart. Aber auch in der Vergangenheit finden sich viele Gründe sich gerade heute Sorgen zu machen, obwohl wir diese Dinge nicht mehr ungeschehen machen können. Liebe Zeitgenossen, vielleicht gehören wir auch manchmal zu ihnen, halten anderen gern die Fehler der Vergangenheit vor. Ist doch schön über das Gewissen unserer Mitmenschen Macht zu haben, oder? Durch die ständige Beschäftigung mit Vergangenheit und Zukunft können wir aber in der Gegenwart nichts verändern und auch keine Weichen für das Morgen stellen. Bei einer selbstkritischen Betrachtung stellen sich viele Befürchtungen als unnötig heraus, denn die meisten Sorgen schafft sich der Mensch selbst. Im Hier und Jetzt das Bestmögliche leisten sowie aus den Fehlern der Vergangenheit lernen ist die Grundaussage dieser Regel.

4) **ARBEITE HEUTE HART.** Arbeiten bezieht sich hier auf die Selbstverwirklichung des Menschen, auf die Arbeit an

sich selbst. Wir sollten uns auch hier im Klaren sein, dass damit nicht nur das Üben einer Technik, wie z.B. Meditation, gemeint ist. Vielmehr ist es unser Verhalten im Alltag, wo wir unsere Fehler erkennen und danach daran arbeiten, um sie nicht mehr zu wiederholen. Unser Streben, wonach auch immer, muss einer natürlichen Harmonie folgen und darf nicht vom ‚Ego' und dessen Gier bestimmt sein. Wenn unsere persönlichen Ziele einer Haltung entspringen, der es an Sinn, Maß und Erkenntnis mangelt, entsteht ein Ungleichgewicht, das auch in einer übergeordneten Dimension alles Sein beeinflusst.

5) **SEI HEUTE NETT ZU DEINEN MITMENSCHEN.** Höflichkeit und Verzicht auf Gewalt, körperlich wie geistig, machen erst ein geregeltes Zusammenleben möglich. Ich erinnere an die Autobahn. Höfliches Verhalten wird aber erst dann glaubwürdig, wenn sich Sprache und Gestik nicht widersprechen, denn sonst werden auch gut gemeinte Aussagen missverstanden. Wie oft meinen wir nicht, was wir sagen. Durch das Üben der Höflichkeit, als deren Symbole das Grüßen, Bitten und Danken stehen, kann die Ich-Bezogenheit überwunden werden. Ein Lächeln am Morgen kann den ganzen Tag freundlicher machen, auch wenn es regnet. Wenn wir diese Selbstmeisterschaft durch den Sieg über unser Ego erreicht haben, wird es möglich, Probleme auch ohne Gewalt zu lösen, auch in geistiger Hinsicht. Nett sein bedeutet Achtung vor dem Mitmenschen, angemessenes und höfliches Verhalten in allen Situationen, wozu auch Gefühlskontrolle gehört, und ist erst aus einer selbstkritischen Betrachtung möglich. Wichtig ist nicht was der andere Mensch macht, nicht seine Beweggründe, sondern einzig meine Reaktion darauf. Spontanität ist zwar

sehr positiv zu sehen, aber dort, wo sie in Unkontrolliertheit abgleitet, ist sie fehl am Platze.

Die Dojokun stellen für den Übenden, egal in welcher Ausbildungsstufe er steht, selbst Lehrer sind nicht ausgenommen, eine Herausforderung dar. Durch sie können wir unsere Haltung zu den Mitmenschen und zur Umwelt überprüfen. Für den Lehrer sind sie aber auch ein Maßstab, mit dem er die Wegentwicklung des Schülers misst. Hier will ich noch einmal die Problematik der manchmal allzu schnellen und damit ungenügenden Ausbildung anschneiden.

Wie kann ein Mensch innerhalb einiger Tage oder Wochen, vielleicht auch noch durch eine ‚Ferneinweihung‘, diese innere Auseinandersetzung, welche oft mit schmerzvollen Erfahrungen verbunden ist, führen? Und das in vielen Fällen ohne einen Lehrer, der die Entwicklung sanft steuert, damit sie nicht ins Negative abgleitet. Die alten Meister gaben die Verantwortung des Lehrens nur an jene weiter, die diesen Prozess durchlaufen und das eigene Ego besiegt hatten. Nur dann ist es möglich, den Schüler ohne persönliche Vorurteile zu unterrichten. Wissen alleine genügt hier nicht, sondern eine im Laufe von harter Arbeit erlangte Reife ist ebenfalls notwendig.

Da ich nicht daran glaube, dass sich die Menschheit seit damals wesentlich geändert hat, haben für mich die Wartezeiten ebenso Sinn wie ein ständiger Kontakt zum Lehrer. Jemanden zur Selbstverantwortung aufzurufen ist schon in Ordnung, aber ist jeder von uns wirklich so weit, dass er sich selbst objektiv beurteilen kann? Wenn dem so wäre, dann bräuchten wir doch die Reiki-Prinzipien nicht. Schon Goethe hatte er dies erkannt, als er schrieb: *„Der Mensch ist ein dunkles Wesen. Er weiß nicht, woher er kommt, noch wohin er geht, er weiß wenig von der Welt und am wenigsten von sich selber."*

Gerade diese Leitsätze bilden eine der wichtigsten philosophischen Grundlagen des Reiki und sind auf alle Bereiche des Lebens anwendbar, da die Übung an der alltäglichen inneren Haltung ebenfalls Teil des Weges ist. Sie können uns helfen etwas Licht in unsere Dunkelheit zu bringen. Also besinnen wir uns selbst, vielleicht erkennt dann der eine oder andere die Unsinnigkeit der Auswüchse, die Reiki in einem manchmal unschönen Licht erscheinen lassen. Doch nun zurück zu den Eigenschaften, die in den Weglehren eine entscheidende Rolle spielen und zu denen uns die fünf Prinzipien führen können.

Über die Demut

Demut ist eigentlich nichts anderes als eine Vergleichung seines Wertes mit der moralischen Vollkommenheit.

Immanuel Kant

Leider ist die Demut als Wort negativ besetzt. Einerseits durch die Silbe ‚de', die z.B. auch in demotivieren oder destabilisieren vorkommt. Auch ist man bei der Vorstellung, gedemütigt zu werden, unangenehm berührt, was auch verständlich ist. Viele bringen Demut mit Feigheit in Verbindung, in der Form, dass man alles mit sich geschehen lässt, ohne aufzumucken. In einer Beziehung mögen sie vielleicht recht haben, aber ist Demut nur das?

Sich demütigen zu lassen, hat nichts damit zu tun ehrliche Demut zu zeigen. Ludwig Marcuse hat die Demut sehr schön beschrieben: *„Demut soll nie etwas anderes sein, als die Verneinung von Hochmut. Sonst wird sie Kleinmut."*

Dieser Sichtweise kann ich mich guten Gewissens anschließen. Demut wird hier nicht mit Feigheit und Speichelleckerei gleichgesetzt, sondern als das Gegenteil von Hochmut bezeichnet. Jemanden zu demütigen, ihn beispielsweise Spott auszusetzen, heißt, dass die eigene Hochmut nicht überwunden ist. Sich demütigen zu lassen, beweist wiederum ein unterentwickeltes Selbstbewusstsein. Beides entspringt einer falschen Selbsteinschätzung. Sehen wir noch kurz den Teufelskreis an, welcher hier in Gang gesetzt wird.

Ein hochmütiger Mensch demütigt einen oder mehrere andere. Natürlich ist derjenige nicht hochmütig, dass gesteht sich niemand ein. Aber aus irgendwelchen Gründen weiß er mehr als die anderen, kommt aus einer besonderen Familie oder hat Beziehungen, setzt er seine Wertigkeit höher an. Wenn jetzt niemand da ist, der einmal halt sagt, sondern nur einige, die sich, geblendet von der Erscheinung, nicht aufzumucken trauen, fühlt sich der Hochmütige in seinem falschen Selbstbild immer mehr bestätigt. Niemand wagt es ja, ihm die Stirn zu bieten und die Augen zu öffnen. Irgendwann wird der Hochmut zum Größenwahn, zu einem Glauben an die eigene Größe. Was daraus entsteht, dafür bietet die Geschichte genügend Beispiele. Wahre Demut liegt demgemäß im Erkennen der eigenen Wertigkeit und der eigenen Fehlerhaftigkeit. Aber was ist der Maßstab dafür? Nun, für mich ist die Menschlichkeit der Maßstab und jeder, ob Arbeiter oder Gelehrter, ist Mensch. Mehr oder andere Erfahrungen berechtigen niemanden auf einen anderen hinabzusehen. Darum sollte man auch mit dem beliebten Satz: „Der oder die ist noch nicht so weit", sehr vorsichtig umgehen. Vielleicht ist man selbst noch nicht soweit, andere ihren Weg gehen zu lassen. Betrachten wir in diesem Sinne also die Demut, als Mut zur eigenen Fehlerhaftigkeit und

Unvollkommenheit, aber auch als Wurzel der Toleranz. Ein Mut anderer Art, zu dem wir uns bekennen sollten.

Über den Mut

Unsere Toleranz wird getestet, wenn wir in der Mehrheit sind.
Unser Mut wird getestet, wenn wir in der Minderheit sind.

Ralph W. Sockman

Wer will nicht gerne mutig sein? Wenn ich mir die Frage stelle, was Mut ist, muss ich aber auch Feigheit definieren und den Übermut. Das erscheint zwar leicht, aber ist es das wirklich? Was der eine als Feigheit bezeichnet, ist für den anderen Vernunft und was ein anderer macht, um mutig zu erscheinen, erweist sich oft als Übermut. Vielleicht genügt hier ein Satz zu einem tieferen Verständnis. Die Grenzen der Vernunft bestimmen auch die Grenzen des Mutes.

Aber wenden wir uns der Definition von Mut, Yu, in den Weglehren zu, denn das ist hier schließlich interessant. Mut entspringt hier einer inneren Würde und Achtsamkeit, ohne die er einen negativen Charakter erhält und die grundlegenden Gesetze des harmonischen Miteinanders verletzt. Eine Sache, sei sie noch so positiv, nur zu vollbringen, um anderen seinen Mut zu beweisen, zeugt von Geltungssucht. Hier sehen wir wieder, in welch enger Beziehung zur Wahrhaftigkeit Mut steht.

Wahren Mut zeigen wir dann, wenn wir mit Ausdauer und einer rechten Gesinnung unsere Ziele verfolgen. Dabei müssen wir auch bereit sein, gegen den Strom zu schwimmen und Zivilcourage beweisen. Eines dürfen wir allerdings nie aus den

Augen verlieren, nämlich dass wir nur in dem Maße zu uns stehen können, als unsere Handlungen dem Wohl des Ganzen dienen und damit uneigennützig sind. Mut hat sehr viel mit Standhaftigkeit zu tun und äußert sich oft mehr im Nicht-Handeln als im Handeln. Mit Goethe will ich die Verbindung zum nächsten Begriff schaffen: *„Mut und Bescheidenheit sind die unzweideutigsten Tugenden; denn sie sind von der Art, dass Heuchelei sie nicht nachahmen kann. "*

Über die Bescheidenheit

Bescheidenheit ist der Zaun der Weisheit.

Aus Israel

So richtig bescheiden zu sein, ist heute sehr schwer. Vor allem wenn wir an die Werbung denken, die uns suggeriert, was wir nicht alles noch brauchen, um glücklich zu sein. Die daraus resultierende Unzufriedenheit mit dem, was man besitzt, macht sich auch im zwischenmenschlichen Umgang bemerkbar. Allzu oft werten wir nach Äußerlichkeiten, dem Klassenbewusstsein ist ein Markenbewusstsein gefolgt. Statt Sportschuhe müssen wir Nike oder Adidas haben, statt Jeans Levis, Wrangler oder gar welche von einem namhaften Designer. Immer mehr definieren wir uns durch äußerliche Prestigeobjekte, statt die inneren Werte in den Vordergrund zu stellen.

Bescheiden sein heißt nicht auf alles verzichten müssen, also können wir uns auch ruhig Designerjeans kaufen, aber wir dürfen unseren Status nicht von diesen Symbolen abhängig machen. Wenn das geschieht, fehlt es an Selbstwertgefühl. Hier wird versucht durch Äußerlichkeiten, das kann auch übertrieben selbstbewusstes oder überhebliches Auftreten sein, einen inneren Mangel zu kompensieren. Je unwichtiger man sich fühlt, desto größer die Anstrengung über anderen zu stehen. So seltsam es klingt, ist Bescheidenheit nur dann möglich, wenn wir uns menschlich voll und angenommen fühlen, uns unserer selbst sicher sind. Unbescheidenheit entspringt einem Geltungsbedürfnis, dessen Ursachen in fehlendem Selbstbewusstsein liegen. Hier sollten wir uns die Frage stellen, was fehlt oder was wir gerne hätten. Ist die Antwort nicht Aufmerksamkeit und Anerkennung? Nur, ist es wirklich so wichtig, dass jemand unsere Hose lobt? Scheinbar ja, obwohl es schöner wäre, wenn der andere sagen würde, du bist ein lieber Kerl. Aber warum sagt das niemand? Ganz einfach, weil der Mensch nur allzu oft von sich selbst ausgeht.

Wie aber äußert sich die Bescheidenheit in den Weglehren? Nun, indem äußerliche Unterschiede fast gänzlich zum Verschwinden gebracht werden. Nehmen wir das Beispiel Kampfkunst, wo das besonders gut zum Ausdruck kommt. Jeder, ob Anfänger oder Meister, trägt die gleiche, einfache Kleidung, ohne Aufnäher oder Sonstiges. Das einzige Unterscheidungsmerkmal ist die Farbe des Gürtels. Diese verleiht aber kein Prestige, sondern ist einzig ein Zeichen für eine jahrelange und mühevolle Zeit des Lernens. Niemand kann sich das kaufen, jeder lernt Bescheidenheit durch Achtung der Leistung anderer ebenso wie Selbstachtung durch eigene Leistung. Der Meister übernimmt bei diesem Prozess wieder eine regulierende Funktion, die er aber nur durch seine eigene Bescheidenheit ausfüllen kann.

Die formellen Aspekte des Weges drücken sich in Einfachheit aus, Schönheit nicht in äußerem Schmuck, sondern innerer Haltung. Im Nichts liegt alles, auch die Kraft. Ein wahrer Meister hat es nicht nötig durch Äußerlichkeiten, sei es durch

Kleidung, Schmuck oder Auftreten, zu glänzen. Seine Kraft liegt in der Natürlichkeit seiner selbst. Wer Meisterschaft erlangen will, braucht nur eines tun, immer sie oder er selbst sein und daraus lernen. Lao-tse hat es sehr schön in Worte gefasst:

Also der Erwachte: Weil er nicht scheinen will, leuchtet er. Weil er von sich absieht, wird er beachtet. Weil er nichts für sich will, hat er Erfolg. Weil er nichts aus sich macht, hat er Macht. Weil er nicht widersteht, widersteht ihm nichts.

Über die Abhängigkeit

Marionetten lassen sich sehr leicht in Gehenkte verwandeln. Die Stricke sind schon da.

Stanislaw Lec

Doch um Meisterschaft zu erlangen, gilt es, Abhängigkeiten zu erkennen und sie weitgehend zu vermeiden, aber selbstverständlich auch, niemanden von uns abhängig zu machen. Ganz ehrlich, wer hat das noch nicht versucht, wenigstens so ein bisschen? Das soll aber keine Unterstellung sein, es war nur eine Frage.

Abhängigkeiten existieren nicht nur im materiellen, sondern auch im geistigen Bereich, sei es in der Wissenschaft, der Religion oder der Esoterik. Überall gilt scheinbar leider das Prinzip der Machtgier. Wahrheit wird hier meist als Besitz einer einzelnen Persönlichkeit oder einer kleinen Gruppe verkauft, die damit Macht ausübt.

Gerade diese Machtgier ist es, die den Einzelnen versklavt und ihn seiner Verantwortung beraubt. Alle Gebote und Verbote werden von einer höheren Macht vorgegeben. Die Gefahr liegt darin, dass der Einzelne sie übernehmen muss, ohne zu hinterfragen und den Inhalt auf Sinnhaftigkeit zu überprüfen. Dadurch bekommen Institutionen Macht und Kontrolle über das Gewissen, die den göttlichen Forderungen meist selbst nicht entsprechen.

Der Auftrag einer höheren Macht befreit den Einzelnen auf eine bequeme Weise von Verantwortung. Alle Taten, die er begeht, seien sie noch so grausam und unmenschlich, geschehen ja nach dem Willen eines Gottes oder dessen Stellvertreters auf Erden. Wir werden unserer Verantwortung und unseres Selbstbestimmungsrechtes nicht beraubt, nein viel schlimmer, wir opfern sie am Altar des Götzen ‚Bestimm-mein-Leben'. Dabei spielen hier meist nur Machtinteressen Einzelner eine Rolle, die aber durch die Unsicherheit anderer erst durchsetzbar sind.

In den letzten Jahren wurde das Channeling sehr populär. Doch gerade hier besteht die Gefahr der Abhängigkeit, sowohl geistig als wirtschaftlich. Leider machen manche von uns viele Entscheidungen von der durch das Medium weitergegebenen Nachricht abhängig, sei sie noch so absurd. Es kommt dann zu Auswüchsen, die in Realitätsverlust oder, wie durch wahnsinnige Sektierer heraufbeschworen, sogar in Massenselbstmord enden. Die Seelen werden dann von Außerirdischen in UFOs abgeholt.

Die wohl krasseste Form ist die Voraussage des Weltunterganges. Obwohl sehr oft durch dubiose Sektenführer vorausgesagt, erfreuen wir uns noch immer an der Schöpfung. Selbst wenn die Prophezeiung nicht eintritt, hängen die Sektenmitglieder voll Vertrauen an den Lippen ihres Führers und glauben den absurden Ausführungen. Jedes Horrorszenario, wie der Einschlag eines Kometen, ein Erdbeben oder was auch immer, kann Wirklichkeit werden, aber das aus einer Planetenstellung lesen zu wollen oder durch Channeling zu erfahren, zeigt die menschliche Überheblichkeit. Jesus, immerhin Sohn Gottes, sagte, dass außer Gott selbst niemand das Datum des Letzten Gerichtes kennt. Auch wenn die Frage jetzt unverschämt klingt, wer glaubt mehr zu wissen als Jesus? Das nur so nebenbei und in aller Freundschaft.

Wir sollten aber auch die Kehrseite der Medaille betrachten. Diese selbsternannten Propheten und Wahrsager verstricken sich in ihren eigenen Aussagen. Wenn ich als Mensch eine Aussage tätige, dabei setze ich meine Fehlbarkeit voraus, und sie sich als falsch erweist, kann ich meinen Fehler eingestehen und mich entschuldigen. Wem ist noch kein Fehler passiert? Aber die höheren Wesen sollten doch wissen, was sie übermitteln. Das denke ich mir jedenfalls. Leider habe ich in dieser Beziehung noch nie etwas von einem Irrtum und einer Entschuldigung vernommen. Wie auch, wenn diese ‚Seher' den Willen und das Wissen ‚Höherer' vermitteln. Lustig finde ich dann allerdings die Ausflüchte, die erfunden werden. Meist wird die Apokalypse ja aus zwei Gründen verschoben. Entweder waren wir in den letzten Monaten sehr brav oder der liebe Auserwählte hat ein gutes Wort eingelegt. Dafür ein wirklich herzliches Dankeschön.

Wahrheit und Realität – die Schlüssel

Es verdrießt die Leute, dass die Wahrheit so einfach ist.

Goethe

Der Mensch sieht nur das, was er sehen will. Dies bewahrheitet sich immer wieder. Wenn in den asiatischen Weglehren von einer eingeschränkten Sichtweise gesprochen wird, ist damit nicht nur intuitives oder reales Sehen gemeint. Vielmehr werden wir darauf hingewiesen, dass wir die Realität verzerrt und nur teilweise wahrnehmen.

Sehr oft bestimmen unsere eigenen Wunschvorstellungen, die dem Anspruch nach Wahrheit entspringen, das Wahrnehmungsvermögen. Vor allem in schwierigen Lebensphasen neigen wir dazu, Wunschdenken als Realität zu betrachten, da wir damit einer bedrohlichen Situation zu entfliehen glauben. Diese Flucht führt jedoch in eine Phantasiewelt, in der die objektive Realität nicht geändert werden kann. Damit bleibt die Bedrohung, auch wenn man sie als solche nicht mehr wahrnimmt.

Auslöser für Realitätsflucht ist meistens Angst und fehlende Selbsteinschätzung. Sich den eigenen Ängsten zu stellen, ist für Wachstum ebenso wichtig, wie sich selbst kritisch und unvoreingenommen zu betrachten.

Im Osten erkannte man sehr früh, dass der Mensch dazu neigt sich zu über- oder unterschätzen. Wir sind also nur bedingt fähig, uns selbst und unser Wachstum von einem neutralen Standpunkt aus zu beurteilen. Das ist auch die Antwort auf die oft gestellte Frage, wozu man einen Lehrer benötigt, wenn ja alles im Einzelnen vorhanden ist. Doch darüber brauchen wir jetzt, glaube ich, nicht mehr zu sprechen.

Wenden wir uns den Ängsten zu, die unser Leben beeinflussen und zu Abhängigkeiten führen. Wer es erreicht, diese Ängste zu kontrollieren, nicht zu überwinden, hat einen wichtigen ersten Schritt getan. Die Auslöser sind oft in der Kindheit zu suchen, aber auch im täglichen Leben als Erwachsener passieren immer wieder Situationen, die neue Ängste entstehen lassen.

Seinen eigenen Ängsten gegenüberzutreten, sie aus dem Unterbewussten zu holen, zuzulassen und zu kontrollieren, ist eine der schwierigsten Übungen. Doch kann man nur einen Feind bekämpfen, der bekannt ist. Normalerweise wird Angst verdrängt, sie lauert dann tief im Unterbewusstsein und wartet darauf im ungeeignetsten Moment zuzuschlagen. Dann kommt es unweigerlich zu einem Versagen der Selbstkontrolle, oder wie man es in Asien ausdrückt, man ist aus seiner Mitte.

Es gilt herauszufinden, welche Ängste uns am meisten quälen und vor allem warum. Hier eine kleine Auswahl an Ängsten, die immer wieder auftreten:

Die Angst nicht geliebt zu werden

Die Angst nicht akzeptiert zu werden

Die Angst vor Einsamkeit

Die Angst vor Veränderung

Die Angst vor der Zukunft

Die Angst vor Verlust

Die Angst vor dem Tod

Die Angst zu versagen

Die Angst vor dem Unnennbaren

Wer von uns kennt sie nicht, die berühmten Worte, das schaffst du nicht, das kannst du nicht oder dafür bist du zu klein, zu schwach, noch nicht weit genug, usw. Eltern, die ihren Kindern das oft genug sagen, erziehen damit Verlierer. Selbst Erwachsene können mit solchen Affirmationen negativ beeinflusst werden. Steter Tropfen höhlt den Stein, wie wir wissen.

Oft kommt dann noch der Spruch „lass mich das machen" hinzu. Damit wird einerseits Lernen und Kreativität verhindert, andererseits werden Minderwertigkeitskomplexe sowie Abhängigkeiten aufgebaut. Die Auswirkungen sind katastrophal. Wenn ein Mensch nicht lernt, Probleme selbst zu lösen, ist er immer auf Hilfe angewiesen. Sollte er es trotzdem versuchen und scheitern, verstärkt das sein Gefühl der Unfähigkeit noch. Manch einer baut aber gerade auf das, also Vorsicht!

Worin liegen aber die Beweggründe, andere in solcher Weise zu beeinflussen und was bringt es dem Einzelnen? Nun, die Gründe sind vielfältig, und was es bringt? Sehr einfach, Macht über andere und Selbstbestätigung.

Im privaten Bereich sind es meist Eltern, die ihre Kinder nicht loslassen können oder überbesorgt sind. Ständig wird ihnen alles abgenommen, selbst die einfachsten Verrichtungen. Des Weiteren wird ihr Leben strikt kontrolliert, Vater und Mutter sind übermächtig und allgegenwärtig. Nur sie wissen, was gut für ihre Kinder ist, auch wenn diese bereits erwachsen sind.

Wenn Mami und Papi irgendwann fehlen, sucht man sich eben andere Autoritäten.

Dadurch, dass ihnen jede Entscheidung, selbst die kleinste, abgenommen wird, lernen sie nie selbständig zu handeln und Probleme zu lösen. Große Schwierigkeiten entstehen meist dann, wenn sie eine Partnerschaft eingehen, denn auch hier bestehen die Eltern auf einem Mitspracherecht. Am ärgsten sind jene betroffen, die ihren Partner ohne ‚elterlichen Segen' gewählt haben. Wo Schwiegertochter oder Schwiegersohn nicht gut genug sind. Ein Scheitern ist oft vorprogrammiert und was bleibt, ist das Gefühl wieder versagt zu haben. Einige haben es ja schon vorher gewusst und wenn du gleich auf mich gehört hättest, dann ...

Im Beruf entstehen Versagensängste durch sehr bestimmende Arbeitskollegen oder Vorgesetzte, die keinen Freiraum für eigene Kreativität oder Entscheidungen lassen. Oftmals ist aber auch ihr Beweggrund Angst. Nämlich die, Macht zu verlieren. Sie kompensieren eigene Minderwertigkeitskomplexe durch ein übersteigertes Geltungsbedürfnis und absolute Kontrolle über alles und jeden. Fast jeder, der in einem solchen Klima arbeitet, wird früher oder später scheitern - durch ständige Kontrolle und der zwangsläufig daraus entstehenden Kritik auch beim kleinsten Fehler. Der, nur augenscheinlich, Dominante ist aber dazu gezwungen zu kontrollieren und kritisieren.

Der erste Grund liegt im eigenen Machtstreben. Solange er über alles informiert ist, hält er die Fäden in der Hand. Anderen wird es dadurch unmöglich seine Position zu gefährden. Kritik, als zweiter Faktor, dient dazu andere klein zu halten. Wenn ihnen ständig ihre Fehler vor Augen gehalten werden, geraten sie in ein Abhängigkeitsverhältnis zum scheinbar perfekten Kollegen oder Vorgesetzten, der durch dauernde Kritik an anderen auch seine eigenen Fehler verbirgt.

Hier steckt überall derselbe Mechanismus dahinter. Macht über andere wird erreicht, indem man ihnen jede Selbständigkeit nimmt und sie in ein Abhängigkeitsverhältnis bringt. Selbst gute Leistungen werden abgewertet oder nicht zur Kenntnis genommen. So gelingt es sehr einfach Menschen zu Versagern abzustempeln.

Jede Form der Angst bestimmt maßgeblich unser Leben. Je stärker eine Angst hervortritt, umso mehr belastet sie uns. Sie ist ständig gegenwärtig und prägt dadurch unsere Handlungen, die nicht mehr aus unserer Mitte kommen.

Angst lähmt, das ist wörtlich zu nehmen, Körper und Geist. Sie blockiert aber auch den Qi-Fluss, wodurch die Grundlage für Krankheit und Leid geschaffen wird. Wie aber schaffen wir es den Ängsten zu begegnen und sie zu besiegen?

Die Freiheit erlangen

Man kann nicht in den Menschen den Charakter und den Mut ausbilden, wenn man ihnen die Initiative und die Unabhängigkeit nimmt.

Abraham Lincoln

Eigentlich sollte uns Reiki helfen Fesseln abzustreifen, egal welchen ‚Grad' man gerade innehat. Das Ganze sollte auf einem verantwortungsvollen und befreienden Weg geschehen. Seltsam, aber der Weg ist immer irgendwie gegenwärtig. Wie gesagt, der Weg, nicht die Schnellstraße. Was aber hat der Weg mit den Ängsten zu tun? Kurz gesagt, soll er uns davon befreien und nicht vorhandene durch weitere ergänzen. Auch sollte ein Meister und Lehrer dem Schüler helfen jede Abhängigkeit zu überwinden und nicht welche schaffen. Aber das passiert doch nicht, höre ich jetzt wieder einige Stimmen mahnend sagen und ich höre mich wieder voller Zweifel fragen: „Seid ihr sicher?" Natürlich kann ich niemanden, schon gar nicht mittels eines Buches, von seinen Ängsten und Abhängigkeiten befreien. Aber ich kann damit ein bisschen helfen, solche Fallgruben sichtbar zu machen, also die Aufmerksamkeit auf diese Problematik zu lenken, sodass niemand mehr darüber stolpert oder hineinfällt und ein Problem durch ein anderes ersetzt.

Dabei müssen wir uns zuerst über das ‚Wollen' klar werden, vor allem darüber, was wir wollen. Zuerst Angst und jetzt ‚Wollen', wie passt das? Nun, wir wollen doch von unseren Ängsten frei werden, oder irre ich? Durch das unbedingte ‚Sich-befreien-wollen' von unseren Ängsten oder Krankheiten verlieren wir den Bezug zur Realität und nehmen selbst die absurdesten Behauptungen als bare Münze. Unser ‚Wollen' verhindert einen klaren Blick und läßt uns nur sehen, was wir sehen wollen. Auf eine Weise erinnert mich das Versprechen mancher Reiki-Lehrer über die Wirksamkeit an die Dauerwerbesendungen im Fernsehen. Dort wird auch eine schnelle Lösung versprochen, wie man z.B. den Bierbauch in vier Wochen beseitigt oder störende Härchen auf Dauer entfernt. Ich könnte mehr Beispiele bringen, aber das genügt zum Vergleich.

Nur eine Frage bleibt offen und die ist für mich wesentlich. Wenn Reiki so toll wirkt, es wirkt wirklich, keine Angst, warum brauche ich dann noch irgendeinen Schutz? Vor allem frage ich mich, woher die vielzitierten ‚negativen Energien' kommen? Ist es nicht unsere eigene Angst, die sie erzeugt? Selbstverständlich nicht, denn wer gibt schon gern zu, Angst vor etwas Imaginärem, nicht Greifbarem zu haben. Also ist es sehr leicht, diese Bedrohung auf etwas ‚Reales' zu fokussieren, sei es ein

Mensch, der uns Übel will oder ein ‚Dunkles Wesen' aus einer anderen Sphäre. Natürlich können wir auch vor der Zukunft Angst haben, denn diese ist ebensowenig greifbar. Aber sind nicht wir, zum größten Teil wenigstens, für unsere Zukunft selbst verantwortlich? Nein? Wer dann? Darauf kann ich keine Antwort geben.

Wenn die Kraft des Positiven in uns liegt, ist es mit der Kraft des Negativen genau so. Wir verkörpern beide Pole in allen Hinsichten, wollen aber nur einen wahrhaben. Damit sehen wir nur eine Seite an uns, für die andere suchen wir jemanden, der dafür verantwortlich ist. Wofür verantwortlich? Nun, für das, wovor wir Angst haben. Irgendein Verantwortlicher findet sich doch immer dafür und wenn wir ihn in der Hölle suchen. Hier fällt mir noch eine kleine, rein philosophische, Frage ein. Wenn wir keinen personifizierten guten Gott hätten, bräuchten wir doch auch keinen personifizierten bösen Teufel? Um alle Spekulationen gleich auszuräumen, ich zweifle nicht an der Existenz Gottes, nur an unserer Sichtweise desselben.

Woher kommen also jetzt die ‚negativen' Energien? Die Antwort liegt für mich auf der Hand, aus uns selbst. Sie entstehen aus unseren Ängsten, die durch Selbst- oder Fremdsuggestion Gestalt bekommen. Im Laufe der Zeit erreicht das personifizierte Böse eine solche Kraft, dass wir ihr nicht mehr alleine entgegentreten können. Zumindest glauben wir das, denn durch die Suggestion ist der Dämon oder Teufel zu einer fassbaren Realität geworden. Nun wird verzweifelt nach einem Ausweg gesucht. Nach irgendetwas, was das Böse von uns fernhält. Man klammert sich an jeden Strohhalm, der sich bietet.

Heil wird jetzt im Außen gesucht. Amulette, Edelsteine, Runen und magische Beschwörungen sollen helfen, das Böse zu bannen. Aber gerade hier liegt eine Gefahr, die oft übersehen wird. All diese Dinge sind nur Krücken, die uns eine scheinbare Sicherheit vorspiegeln und eine Abhängigkeit erzeugen. Für jede Situation finden wir das richtige Amulett, ohne über die Folgen nachzudenken.

Wie sehen die Folgen aber aus? Nun, man hat ja die Bedrohung nicht entfernt. Trotz aller Bannzeichen existiert sie noch, bildet eine latente Gefahr, die im Hintergrund lauert. Da wir nicht aus uns selbst heraus dagegen vorgehen, aus Angst, werden wir im Laufe der Zeit von den Amuletten abhängig. Gehen wir noch einen Schritt weiter. Manchmal sind es auch Menschen, die solche Ängste ausnützen, um ihre Dienste anzubieten. Sie schützen uns durch ihre Kraft oder ihr Wissen. Dabei muss die Angst zwangsläufig erhalten werden, sogar noch geschürt, da sie sonst ihre Macht über uns verlieren. Das passiert nicht nur in der Esoterik, sondern tagtäglich im normalen Leben.

Reiki, als Weglehre, bietet die Möglichkeit sich von diesen Ängsten und den damit verbundenen Abhängigkeiten zu befreien. Und zwar durch den Weg der Selbsterkenntnis, bei dem letztendlich die eigene innere Kraft entwickelt wird. Jonathan Swift hat es auf den Punkt gebracht:

Man wirft den Menschen immer vor, dass sie ihre Mängel nicht erkennen. Noch weniger aber kennen sie ihre Stärken. Sie sind wie das Erdreich. In vielen Grundstücken sind Schätze verborgen, aber der Besitzer weiß nichts von ihnen.

Die erste Pflicht eines Weglehrers ist es, Hilfe zur Selbsthilfe zu geben, oder den Schülern zu zeigen, wie sie die in ihrem Inneren schlummernden Schätze ausgraben können. Wenn diese Stärken und die darin liegenden Kräfte zum Vorschein kommen, ist es dem Schüler möglich, sich von allen Ängsten und Abhängigkeiten zu lösen. Und jetzt sei mir noch eine Frage gestattet. Glauben Sie, dass ein Lehrer, der solchen Schutz braucht und propagiert, selbst frei von Ängsten und Abhängigkeiten ist? Wenn nicht, wie kann er dann anderen helfen frei zu werden? Ich möchte diesen Teil des Buches mit einem Zitat von Börne beschließen:

Luther hat es verstanden, als er dem Teufel das Tintenfass an den Kopf geworfen! Nur vor der Tinte fürchtet sich der Teufel; damit allein verjagt man ihn.

Das Üben des Charakters

Demut, Mut und Bescheidenheit sind Charaktereigenschaften, die wir ausbilden können. Und wie? Sie haben es erraten, durch Fragen. Wir hinterfragen wieder unser Verhalten, versuchen so wahrheitsgetreu wie möglich zu antworten und dann in der nächsten ähnlichen Situation richtig zu reagieren. Klingt einfach, aber leider scheint das nur so.

Fragen Sie sich ...

... warum fühle ich mich dem anderen überlegen?

... warum glaube ich mehr wert zu sein?

... ist mein Wissen höher zu schätzen?

... habe ich Vorurteile?

... worin liegen meine Vorurteile begründet?

... warum bedränge ich den anderen?

... warum habe ich gerade jetzt Angst?

... warum fühle ich mich unterlegen?

... beweise ich jetzt Mut oder suche ich nur Selbstbestätigung?

... ist es notwendig, mich selbst beweisen zu müssen?

... will ich nur anderen beweisen, dass ich Mut besitze?

... warum habe ich das notwendig?

... warum muss ich das haben?

... warum will ich herausragen?

... warum beneide ich den anderen?

... warum spricht der Neid aus mir?

... warum will ich ‚negative Energien‘ auf mich ziehen?

... warum brauche ich die Magie des Negativen?

... warum ist mein Geist dafür offen?

Wir könnten all die Fragen letztendlich in einer zusammenfassen: Warum handle oder denke ich, wie ich handle oder denke? Wenn wir uns dessen bewusst werden, ehrlich antworten können, ohne uns in ein Wenn und Aber zu verlieren, dann haben wir einen wichtigen Schritt gemacht. In diesem Sinne fragen Sie, immer. Und vergessen Sie nicht die Antwort zu suchen. Sie liegt in Ihnen. Jeder Weg soll zur Selbsterkenntnis führen, denn diese steht vor der Meisterschaft. Darum ist der zweite Grad eine Aufforderung an uns zu arbeiten, nicht nur Qi zu schicken und anderen bei ihren Problemlösungen zu helfen.

Die Praxis des zweiten Grades

**Man darf niemandem
seine Verantwortung abnehmen,
aber man soll jedem helfen,
seine Verantwortung zu tragen.**

Heinrich Wolfgang Seidel

Die Frage des Heilens

Allzu oft wird Reiki als komplementäre Heilmethode dargestellt. Ich vermeide ganz bewusst das Wort ,alternativ', denn ohne die moderne Medizin kommen wir sicher nicht aus. Alles hat eben seine Grenzen. Selbstverständlich hilft Reiki bei allen möglichen Beschwerden. Ich selbst habe damit meine Pollenallergie in den Griff bekommen. Früher litt ich wochenlang an Heuschnupfen und brauchte sogar Cortison, heute habe ich nur noch ein paar Tage leichte Beschwerden, die eigentlich keine mehr sind. Obwohl ich darüber sehr froh bin, hat mir Reiki in anderen Bereichen mindestens ebenso viel geholfen.

Für mich stellt ,heil sein' weitaus mehr dar als das Fehlen körperlicher Beschwerden. Ein wichtiger Punkt ist die Zufriedenheit mit mir und meinem Leben, gemeinsam mit dem Gefühl stets genügend Energie für meine Aufgaben zu haben. Obwohl es, und das ist ganz natürlich, immer wieder Zeiten gibt, in denen es einmal nicht so läuft wie gewollt. Aber das liegt nun einmal in der Natur des Lebens und so nehme ich es gelassen hin.

Neben Reiki praktiziere ich noch einige sehr einfache Meditations-, Atem- und Bewegungsübungen, die ich später kurz beschreiben werde. Aber ich brauche keine Amulette oder sonstige Mittel, um mich sicher zu fühlen. Daran verschwende ich keinen Gedanken, denn die innere Kraft genügt mir, um mit Ängsten und sonstigen Misslichkeiten des Lebens fertig zu werden. Mir genügt ein Weg, denn damit verstricke ich mich nicht und meine Kraft geht nicht in vielen Ansätzen, die später als unfertige Ruinen stehenbleiben, verloren.

Ich betrachte Reiki als Möglichkeit, mein Leben so frei und unabhängig wie möglich zu gestalten. Besonders hilfreich dabei war mir immer die Philosophie des Do, durch deren Verständnis es mir erst so richtig gelang, tiefere Zusammenhänge zu begreifen. Heilung liegt für mich nicht nur darin, mit Symbolen zu arbeiten, Qi zu schicken oder die Hände aufzulegen. Es ist viel mehr als das, nämlich eine Auseinandersetzung mit mir selbst. In diesem Sinne sollte auch dieser Teil des Buches gesehen werden. Auch wenn ich Techniken und Anwendungsmöglichkeiten beschreibe, so liegt Heil im Verständnis und im Erkennen des Selbst. Nur dann ist es möglich, eigene Fehler und Ängste zu erkennen, an denen man dann arbeiten kann. Also arbeitet an euch selbst, bevor ihr daran geht andere ,heilen' zu wollen. Und fragt euch immer wieder, ob das überhaupt möglich ist.

Die Symbole des zweiten Grades

Bevor wir uns den Symbolen des Reiki zuwenden, wollen wir uns erst mit der generellen Bedeutung von Symbolen befassen. Unser ganzes Leben lang werden wir von Symbolen begleitet, sei es im Straßenverkehr, beim Einkaufen oder der Religion. Sie sagen uns meist in allgemein verständlicher Form, wie wir uns zu verhalten haben oder weisen uns auf etwas Bestimmtes hin. Ein Symbol steht für eine bestimmte Sache, hilft zu begreifen und die Aufmerksamkeit auf etwas zu lenken.
Jede Kultur hat eine eigene Symbolik entwickelt, die, je spezifischer sie mit dem lokalen Gedankengut verknüpft ist, für andere dann unverständlich wird. Hier verlassen wir den Bereich des allgemein Verständlichen und begeben uns in eine Welt, die sich nur dem ,Eingeweihten' oder ,Wissenden' öffnet.

Ein Symbol ist somit inhaltsleer, wenn uns die Bedeutung verborgen bleibt. Jemand, der noch nie etwas vom Christentum gehört hat, sieht auch im Kreuz keine Verbindung zu den Leiden Christi und damit zur Religion.

Wie steht es nun mit den Symbolen des Reiki und auf welche Art wirken sie? Dazu möchte ich noch einmal auf die drei Geheimnisse Mudra, Mantra und Mandala zurückkommen. Für jene Leser die mein Buch ‚Reiki und das Tao' nicht kennen, will ich es noch einmal wiederholen und tiefer darauf eingehen.

MUDRA: Das Wort kommt aus dem Indischen und bedeutet Siegel, Zeichen oder Merkmal. Es werden aber auch bestimmte Finger- oder Handstellungen so genannt, die eine bestimmte mystische, magische oder symbolische Kraft besitzen sollen und die in den tantrischen Praktiken der Meditation zusammen mit Mantras gebraucht werden. Wenn wir Buddha-Darstellungen aufmerksam betrachten, fällt auf, dass sie immer ganz bestimmte Finger- und Handstellungen haben. Sie formen Mudras, die körperlicher Ausdruck eines inneren Bewusstseinszustandes sind. Mindestens zehn Sekunden muss ein Mudra geformt werden, um die Energie zu sammeln.

Die linke Hand steht für die Welt der Menschen, die rechte für die der Götter. Ebenso hat jeder Finger seine eigene Bedeutung, so steht der Daumen für das ‚erste Element', der Zeigefinger für die Luft, der Mittelfinger für das Feuer, der Ringfinger für das Wasser und der kleine Finger für die Erde. Auch hier sehen wir wieder einen Symbolismus.

Durch ihre positive Wirkung in der Meditation fanden sie auch Eingang in der Heil- und Kampfkunst, wie im Tenshin Shoden Katori Shinto-ryu und Stilen des Ninjutsu. Sie werden vorwiegend geübt, um die innere Kontrolle über das Selbst, aber auch das Qi zu erlangen. Je nach Bedeutung eines Mudras kann die Lebenskraft einem bestimmten Zweck zugeführt werden.

MANTRA: Diese kraftgeladenen Silben oder Silbenfolgen sollen bestimmten kosmischen Kräften oder Aspekten Ausdruck geben und den Geist während der Meditation vor negativen Einflüssen schützen. Wenn wir hier von negativen Kräften sprechen, so müssen wir uns bewusst sein, dass diese aus uns selbst kommen. Es sind einerseits unsere Ängste, die uns hemmen, aber auch bestimmte Bilder und Gedanken, welche die Meditation stören. Das Rezitieren des Mantras verbindet sich immer mit bestimmten Hand- und Fingerstellungen, den Mudras, sowie bestimmten visuellen Vorstellungen, den Mandalas.

Durch das ständige Wiederholen der Silben oder Töne kommt der Übende leichter in einen veränderten Bewusstseinszustand. Wie den Mudras werden auch ihnen bestimmte Wirkungen auf Körper, Geist und Seele zugeschrieben. Sie werden sowohl zu religiösen als auch gesundheitlichen Zwecken geübt.

MANDALA: In den tantrischen Richtungen des Buddhismus dienen diese Diagramme als Hilfe bei der Meditation. Wir finden sie jedoch in fast allen Kulturen. Es sind Vorlagen für bestimmte Visualisierungen und symbolisieren die bildliche Darstellung der kosmischen Kräfte. Im Sinne der Lehre von der universellen Identität, dass alles im Makrokosmos seine Entsprechung im Mikrokosmos hat, werden die Mandala zum Universum selbst. Dadurch wird auch jeder Eingeweihte zum Mandala und damit Teil des Ganzen.

C. G. Jung verwendete diesen Terminus auch und sah darin ein Symbol für die Tiefenstruktur der menschlichen Psyche. Als Viereck oder Kreis stellt es das Gleichgewicht der Psyche dar, ein Vieleck beispielsweise ein Ungleichgewicht. Das passiert, wenn der Mensch einen Aspekt, seien es Rationalismus oder auch religiöse Vorstellungen, überbetont.

Bleiben wir gleich bei der Psychologie und betrachten, was Symbole in unserem Bewusstsein auslösen. Vielleicht finden wir hier auch eine Antwort über ihre Wirksamkeit. Obwohl sie nicht alles erklären kann, lassen sich klare Zusammenhänge mit suggestiven Techniken erkennen.

Das menschliche Bewusstsein ist bis zu einem gewissen Grad programmierbar. Das heißt, es verbindet Töne, Bilder, aber auch Situationen, sogenannte Schlüsselreize, mit bestimmten Gefühlen oder Bewusstseinszuständen. Durch Übung kann es jetzt gelingen, diese Reize und die damit verbundenen Wirkungen künstlich hervorzurufen, bei sich selbst und bei anderen. Um es ganz einfach auszudrücken, was wir erwarten, das geschieht, passiert. Um es mit Worten von Qi-gong-Meistern zu sagen, das Qi folgt der Aufmerksamkeit. Diese Ansicht vertrat schon der Philosoph Mengzi (wahrscheinlich 372 – 289 v. Chr.), der feststellte:

Der Wille (oder das Bewusstsein) zhi ist der Führer des Qi. Das Qi ist das, was den Körper auffüllt. Der Wille (oder das Bewusstsein) ist darin das höchstgestellteste, das Qi ist ihm unterstellt. Deshalb sage ich: Ergreife fest deinen Willen (dein Bewusstsein) und füge deinem Qi keine Gewalt zu.

Zweierlei Erkenntnisse liegen dieser Aussage zugrunde. Erstens, dass unser Bewusstsein imstande ist, Qi zu lenken, wie zum Beispiel bei der Fernanwendung. Zweitens weist Mengzi darauf hin, dass ein ungeschulter, ein unfertiger Geist, wie es in der Weglehre heißt, auch Schaden damit anrichten kann.

Das Erlernen oder Üben bestimmter Symbole, Körper- oder Handhaltungen, Töne und Rituale mit einem bestimmten Vorsatz löst also im Bewusstsein etwas aus. Es wird darauf trainiert, wenn wir jetzt Reiki als Grundlage nehmen, das Qi zu bestimmten Zwecken einzusetzen. Die Symbole sind also in unserem Fall Hilfsmittel, um das Qi in bestimmte Bahnen zu lenken.

Worin liegt jetzt aber die Kraft der Symbole? Nun, ganz einfach, in unserem Bewusstsein. Ein Indiz dafür ist auch, dass verschiedene Symbole im Umlauf sind, die jedoch trotzdem wirken. Die Kraft oder das Qi, etwas zu bewirken, liegt in jedem von uns und es gibt verschiedene Möglichkeiten sie zu wecken. Eine davon ist Qi-gong und damit Reiki. Die Symbole helfen uns das Qi zu fokussieren. Wie stark die Wirkung ist, hängt nicht von den Symbolen ab, sondern davon, wie sehr der Einzelne an sich arbeitet. Damit erledigt sich auch die Frage nach immer neueren und angeblich stärkeren Symbolen, die von Zeit zu Zeit auftauchen. Immer wieder wurden und werden die Symbole als ,heilig' bezeichnet. Dieses Wort sollte nur in Verbindung mit einer Religion benutzt werden und da Reiki keine ist, trifft das nicht zu.

Der zweite Aspekt ist ein philosophischer, welcher bei der Übersetzung vom Japanischen ins Deutsche sichtbar wird. Ähnlich wie die Reiki-Prinzipien fordern sie uns zu einer Auseinandersetzung mit dem Ich auf und verhelfen dann zu tieferen Einsichten in das Selbst. Leider wird das sehr selten berücksichtigt, denn meist wird nur über die energetische, technische Wirkung gesprochen. Eines möchte ich hier noch anmerken, nämlich dass alle drei Symbole gleichwertig sind.

Arbeiten mit Symbolen des Reiki

Jede Arbeit mit Symbolen setzt ein gewisses Konzentrations- und Visualisierungsvermögen voraus. Niemand muss aber Angst davor haben, es nicht erlernen zu können. Es wird durch das regelmäßige Üben verstärkt und kann dann auch in vielen anderen Lebensbereichen nützlich sein.

Die Reiki-Symbole werden auf Herrn Usui zurückgeführt. Es gibt vier Symbole, davon werden drei im zweiten Grad gelehrt. Jedes dieser Symbole hilft Qi gezielt einzusetzen und zu lenken, da sie für einen Aspekt der Energie stehen. Durch das Visualisieren dieser Zeichen ist es möglich den Geist so zu konzentrieren, dass Anwendungsbereiche erschlossen werden, die uns sonst nur schwer zugänglich sind.

Der Name des Symbols ist zugleich das Mantra. Um ein Symbol zu aktivieren, visualisieren oder zeichnen wir es einfach in die Luft und denken oder sprechen danach dreimal das Mantra. Jeder wie er will. Noch einmal, das Ganze dient einfach dazu, unser Bewusstsein und damit das Qi gezielt einzusetzen. Eine magische oder religiöse Handlung ist damit nicht verbunden. Es bedarf aber auch einer inneren Ruhe, um das Qi in die richtigen Bahnen zu lenken. Mit einiger Übung fällt es jedoch sehr leicht, die Symbole wirkungsvoll einzusetzen. Wer anfangs Probleme hat, sich die Symbole sofort zu merken, kann sich ruhig die Bilder zu Hilfe nehmen. Mit der Zeit prägen sie sich ins Gedächtnis ein. Bevor wir jetzt zu den Anwendungen kommen, sehen wir uns die Symbole und ihre Bedeutung an.

Choku Rei

1. DIE WIRKUNG: Durch dieses Symbol wird der Qi-Fluss verstärkt. Es wird dadurch jede Anwendung gegenüber dem ersten Grad wirkungsvoller, auch die Dauer einer Sitzung reduziert sich.

2. DIE EINSATZMÖGLICHKEITEN: Neben der Optimierung des Qi-Flusses wird es zum Energetisieren von Räumen, Gegenständen aller Art, Lebensmitteln und Medikamenten eingesetzt.

3. DIE BEDEUTUNG: ‚Cho‘ wird mit springen oder hüpfen übersetzt, ‚Ku‘ mit Gleichgewicht, Himmel oder Leere. Ku ist allerdings auch ein zentraler Begriff des Zen, das aus dem Taoismus, ‚Wu‘, übernommen wurde. Es bezeichnet das Prinzip der Absichtslosigkeit und das Nicht-Streben nach Profit als Erscheinungsform des Ku in der menschlichen Haltung. ‚Choku‘ bedeutet aber auch Gerade, so heißt Chokusen-Kata eine Übung auf der geraden Linie.
‚Rei‘ wird hier mit Universeller Geist oder Wesensgrund übersetzt, wobei auf die Transzendenz hingewiesen wird. Choku Rei steht also für die Verbindung mit dem Qi, wobei eine Absichtslosigkeit, ein Nicht-Wollen vorausgesetzt wird. Dieses Prinzip des Nicht-Handelns ist im Taoismus als ‚Wu-Wei‘ bekannt. Gemeint ist damit, dass jede Handlung der Natur angepasst ist und der Mensch mit Selbstkontrolle und Bescheidenheit handelt.
‚Choku Rei‘ soll also nicht nur den Qi-Fluss verstärken, sondern uns auch helfen, die Einheit mit dem Qi, als Grundsubstanz des Universums, auf einer erlebbaren Ebene zu finden.

Choku Rei

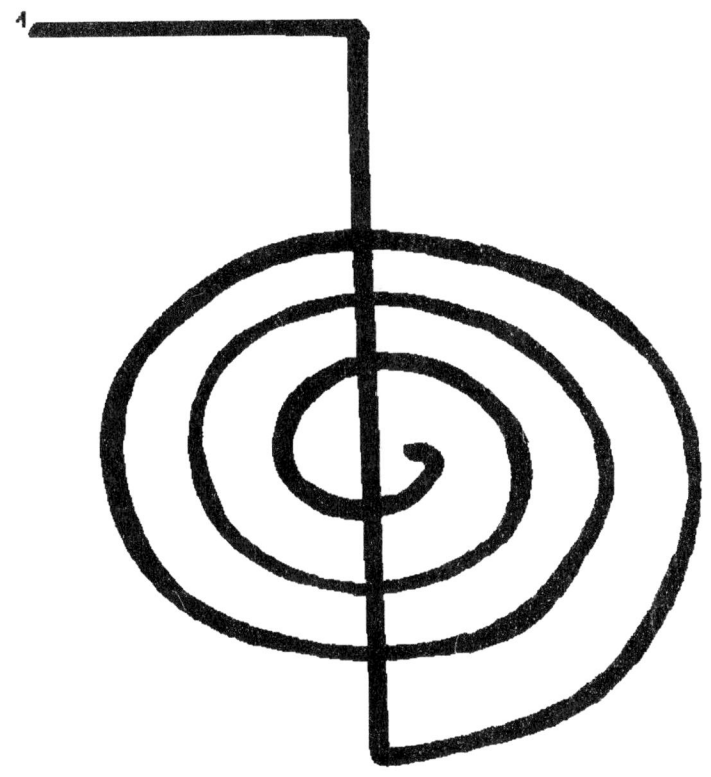

Sei Heki

1. DIE WIRKUNG: Dieses Symbol erleichtert das Lösen von Blockaden und verhilft zu einer Harmonie auf der emotionalen und mentalen Ebene. Mit seiner Hilfe kann auch das Unterbewusstsein erreicht werden.

2. DIE EINSATZMÖGLICHKEITEN: Es wird bei geistiger und seelischer Unausgeglichenheit, zur Lösung mentaler Probleme und zur Konfliktlösung eingesetzt.

3. DIE BEDEUTUNG: ‚Sei‘, still, leise oder sanft, steht in diesem Zusammenhang für das innere Gleichgewicht, für die Kraft ‚Ki‘, die aus der Leere ‚Ku‘ entsteht. Hier wird auch die Verbindung zu Choku Rei sichtbar. Als Prinzip bezeichnet es eine ‚aktive Inaktivität‘, wie Meditation, durch die Handeln in einer richtigen Perspektive gesehen werden kann. Denn ‚Sei‘ bedeutet aber auch ‚über sich selbst nachdenken‘.

‚Heki‘ ist die Balance, das Gleichgewicht. In allen Weglehren ist das innere Gleichgewicht des Menschen von höchster Bedeutung. Dieses kann durch eine falsche Einstellung zur Umwelt sowie durch äußere Einflüsse gestört werden, wenn der Mensch keine innere Kraft und rechte Haltung entwickelt.

‚Sei Heki‘ wirkt also nicht nur auf der mentalen Ebene, sondern der Einzelne wird auch aufgefordert, an sich selbst zu arbeiten, um Selbsterkenntnis zu erlangen.

Sei Heki

Hon Sha Ze Sho Nen

1. DIE WIRKUNG: Dieses Symbol hilft körperliches in geistiges Qi zu transformieren.

2. DIE EINSATZMÖGLICHKEITEN: Es ermöglicht eine Qi-Fernübertragung, wobei der Abstand zwischen Sender und Empfänger keine Rolle spielt.

3. DIE BEDEUTUNG: ‚Hon' ist die Basis, der Beginn und bezeichnet die innere Harmonie, die rechte Haltung, aus der man handelt. ‚Sha' bedeutet Rad oder Wagen, ein in Bewegung setzen auf ‚Ze', den richtigen Kurs. Im Zen wird ‚Sho' als innere Natur oder Wesen definiert und steht hier für den, der Qi erhält, auf dessen Wesen die Konzentration gerichtet ist.
‚Nen' bedeutet in der Umgangssprache Bewusstsein, Idee oder Gedanke, ist aber im Zen als ‚im gegenwärtigen Augenblick konzentriert sein' bekannt. Sein Ursprung liegt in einem chinesischen Schriftzeichen, welches aus den Elementen für ‚gegenwärtig' und ‚Bewusstsein' besteht. Definiert wird es daher als ‚auf den Augenblick gerichteter Geist' oder ‚Bewusstseins-Moment'.
Hon Sha Ze Sho Nen soll uns auf die Bedeutung des Jetzt aufmerksam machen. Unsere ganze Kraft und Aufmerksamkeit auf jenen Augenblick zu richten, in dem wir etwas bewirken können, jetzt.

Hon Sha Ze Sho Nen

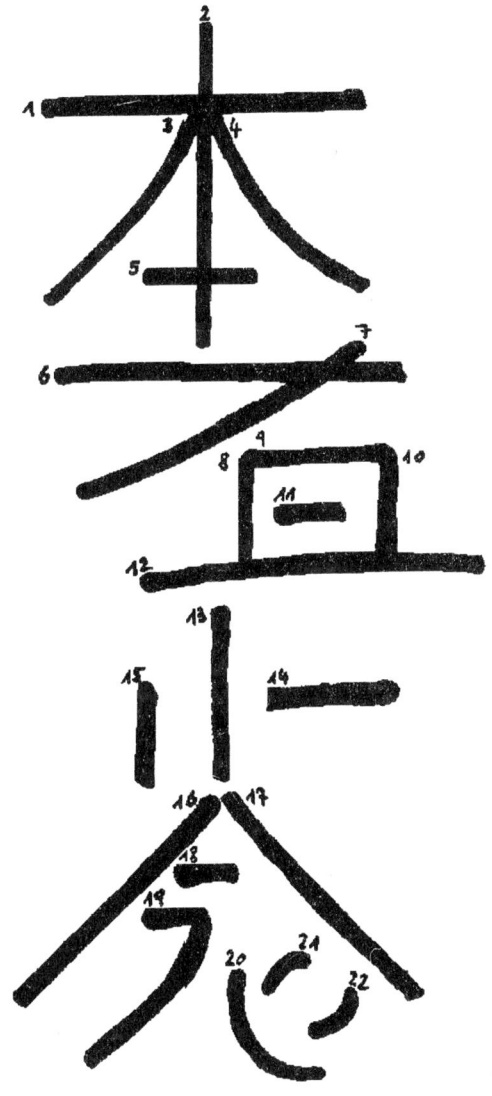

Richtlinien für die Praxis

„Mensch sein heißt verantwortlich sein.“

Antoine de Saint-Exupery

Um erfolgreich mit dem zweiten Grad und seinen Symbolen zu arbeiten, sind einige Dinge zu beachten. Auch wenn die Anwendung an sich problemlos ist, sollten wir einige Regeln einhalten.

1) Bevor man mit einer Anwendung beginnt, sollte man sich seiner Verantwortung bewusst und über den Grund seiner Handlungen im Klaren sein. Manchmal kann es passieren, dass man im guten Glauben über das Ziel hinausschießt und mehr Schaden als Nutzen anrichtet.

2) Führen Sie nie eine Fernanwendung ungefragt und gegen den Willen eines anderen aus. Das wäre ein Eingriff in die Privatsphäre und ein grober Verstoß gegen die Selbstbestimmung des einzelnen Menschen. Auch wenn oft gesagt wird, dass man Licht und Liebe immer senden kann, rate ich davon ab. Denken Sie einfach liebevoll an den Menschen, aber zwingen Sie ihm nichts auf. Auch nicht Licht und Liebe. Auf die näheren Gründe gehe ich später noch ein.

3) Senden Sie immer positive Bilder und Affirmationen. Deshalb sollten Sie auch keine Fernanwendung durchführen, wenn Sie schlechter Laune sind oder gerade unter starkem Stress gestanden haben. Gönnen Sie sich eine Pause, bis Sie wieder ruhig und ausgeglichen sind.

4) Besprechen Sie bei der Fernanwendung eine genaue Zeit und halten Sie diese ein. Sollte das nicht möglich sein, informieren Sie den Partner.

5) Versuchen Sie nie den freien Willen eines Menschen zu beeinflussen. Selbst wenn Sie bemerken, dass er einen Fehler macht oder Sie ihm helfen könnten.

6) Bei einer Fernanwendung visualisieren Sie den Partner immer in einem gesunden und ausgeglichenen Zustand. Nur positive Bilder sind hilfreich.

7) Seien Sie sich immer ihrer Grenzen bewusst und agieren Sie innerhalb derselben. Dazu gehört eine gesunde Portion Selbstbeherrschung und Selbstkontrolle. Diese Eigenschaften werden in allen Weglehren gefordert.

Qi-Fernübertragung

Die Übertragung von Qi über weite Distanzen ist nicht nur im Reiki bekannt, sondern auch in anderen Richtungen des Qigong sowie in der Hypnose. Die Erklärung für dieses für viele Menschen nicht nachvollziehbare Phänomen finden wir in der fernöstlichen Anschauung, dass Qi oder Energie der Grundstoff des Universums ist. Alles ist letztendlich Qi. Chuang Tzu, ein taoistischer Weiser, drückte es so aus:

Der Kosmos und ich leben ewig:
Alle Dinge und ich sind zu einer Einheit verbunden.

Wie so oft finden wir das Prinzip, dass ‚der Mensch im Qi und das Qi im Menschen ist'. Sowohl die Einheit von Kosmos und Mensch kommt hier zum Ausdruck als auch die Ansicht, dass es nur ein Qi gibt. Qi wird als universelles Medium angesehen, das alle Dinge miteinander verbindet. Durch diese Eigenschaft kann man es einsetzen, um Qi-Impulse an einen weit entfernten Menschen zu übertragen. Unmöglich, werden einige sagen. Dem möchte ich entgegenhalten, dass der Qi-gong-Meister Jen Xin unter wissenschaftlich kontrollierten Bedingungen an der Qing-Hua-Universität in Peking bewies, dass er über eine Entfernung von 2000 Kilometern die Molekularstruktur verschiedener Flüssigkeiten ändern konnte.

Die Erklärung der alten Meister lautet, dass Qi in ‚Shen', geistige Kraft oder geistiges Qi, umgewandelt und dann durch die Verschmelzung des Geistes mit dem Kosmos übertragen wird. Einerseits also durch Konzentration und Visualisierung, andererseits durch das Erreichen eines meditativen Zustandes, in dem wir die verschiedenen Formen der Existenz nicht mehr als differenzierte Einheiten betrachten. Physikalisch ausgedrückt werden wir mit dem uns umgebenden Energiefeld, welches man als Wolken unterschiedlicher elektrischer Ladung betrachten kann, eins. Das Verschmelzen mit dem Nichts entspricht Satori.

Jetzt wäre es interessant zu wissen, ob man solche oder ähnliche Formen der Fernanwendung auch im Westen kennt. Selbstverständlich gibt es sie auch hier und es sind telepathische Verfahren in der Hypnose. Deren Ablauf ähnelt frappierend jener der Reiki-Fernanwendung. Jeder kann dann selbst einen Vergleich anstellen, genauso wie es jedem selbst überlassen bleibt, zu entscheiden, ob die Parallelen rein zufällig sind.

Die Hypnose, welche schließlich auch therapeutischen Zwecken dient, wird dabei nur durch den gedachten Willen des

Hypnotiseurs herbeigeführt. Besonders L. Wassiliew führte hier aufsehenerregende Versuche durch. Der Hypnotiseur war nicht nur räumlich von der Versuchsperson getrennt, sondern befand sich auch in einer Faradayschen Kammer. Trotzdem gelang es ihm, die Versuchsperson zu einem ihr nicht bekannten Zeitpunkt in Hypnose zu versetzen und auf die gleiche Weise zu einem späteren Zeitpunkt zu wecken. Oftmals befanden sich auch die Versuchspersonen, deren Aufenthaltsort dem Induktor unbekannt war, bis zu 1700 Kilometern entfernt.

Jetzt zum Ablauf, der natürlich interessant ist. Zuerst versetzt sich der Hypnotiseur in einen leichten Zustand der Selbsthypnose, er versucht also seine innere Ruhe oder sein mentales Gleichgewicht zu finden. Ist dieser Zustand erreicht, konzentriert er sich auf den Hypnotisanden, indem er sich ihn bildlich vorstellt. Dabei sollte der Hypnotisand sich in einer Ruhestimmung befinden, in der die Reizschwelle für die zu empfangende Suggestion herabgesetzt wird. Dann tritt die Hypnose ein, welche anhält, bis sie vom Hypnotiseur wieder zurückgenommen wird. Meist fühlten sich die Versuchspersonen durch eine fadenartige Verbindung mit dem Hypnotiseur verbunden oder vernahmen die Suggestionen wie durch eine Telefonleitung. Wir sehen also, dass ‚Fernanwendungen' gar nicht so selten sind und auch unter wissenschaftlichen Bedingungen funktionieren.

Jetzt noch einmal zum Grund, warum wir nicht wild Qi herumschicken sollen. Der Empfänger kann während einer Fernanwendung leicht in einen hypnotischen oder meditativen Zustand fallen. Wenn er im Bett liegt oder gemütlich sitzt, ist das sicher sehr angenehm. Was passiert aber, wenn er mit dem Auto unterwegs ist?

Es gibt aber noch einen zweiten Grund. Mit Hilfe von Qi können wir jemanden in einen ruhigen Zustand versetzen, aber auch die Lebensgeister wecken. Wenn wir nicht gezielt arbeiten und beispielsweise einem Freund, der im Krankenhaus liegt, Qi schicken, ohne zu beachten, dass er gerade operiert wird, kann das schlimme Folgen haben. Oder würden Sie es als angenehm empfinden, während der Operation aufzuwachen? Nein, na eben, darum halten wir uns also zurück.

Und jetzt zum Ablauf der Fernanwendung. Mit einiger Übung ist sie leicht zu erlernen und durchzuführen, beim Einhalten der Richtlinien besteht auch keine Gefahr.

Die Fernanwendung

1) Nehmen Sie sich ca. 30 - 90 Minuten Zeit. Das gilt für eine komplette Anwendung. Um zwischendurch Qi zu senden, genügen auch einige Minuten. Aber auch nicht ohne Verabredung!

2) Sorgen Sie für Ruhe, denn diese fördert Ihre Konzentration.

3) Entspannen Sie sich und machen Sie Ihr Bewusstsein frei von störenden Gedanken. Musik, Atemübungen, Duftlampe können dabei ebenso helfen wie gedämpftes Licht.

4) Jetzt kommt die Bitte um Energie. Sie soll uns einfach daran erinnern, dass wir nur mit dem Qi arbeiten und symbolisiert eine Demutshaltung der Schöpfung gegenüber.

5) Visualisieren Sie die Person im gewünschten Zustand und zwar strahlend, gesund, voller Lebenskraft. Ein Bild ist manchmal sehr nützlich.

6) Visualisieren Sie die Symbole in der Reihenfolge HZS, SHK, CKR auf die Person und denken jeweils 3 x das Mantra, also den Namen des Symbols dabei.

7) Stellen Sie sich die Person zwischen Ihren Händen vor und lassen Sie Qi fließen.

8) Dann haben Sie drei Möglichkeiten. Entweder Sie stellen sich den Partner liegend vor und machen eine Ganzanwendung oder Sie konzentrieren das Qi nur auf eine bestimmte Stelle. Sie können aber auch das Bild des Partners zwischen den Händen beibehalten und das Qi so weiterfließen lassen.

9) Abschließend stellen Sie sich die Person zwischen Ihren Händen vor und lassen Sie Qi fließen.

10) Dann ziehen Sie sich zurück und danken wieder für die Energie. Damit wäre die Fernanwendung beendet.

Die Fernanwendung kann jeder auch bei sich selbst durchführen. Stellen Sie sich einfach selbst vor. Das ist besonders entspannend, da wir uns nicht bewegen müssen. Oft genügen schon wenige Minuten, bis man sich wieder frisch und munter fühlt.

Die Mentalanwendung und ihre Möglichkeiten

Mit dieser Form der Anwendung können Blockaden im geistigen Bereich gelöst werden. Sie ersetzt jedoch keine psychologische oder psychiatrische Behandlung und darf keinesfalls bei Schizophrenie, Wahnvorstellungen oder anderen Geisteskrankheiten eingesetzt werden. Das möchte ich vorausschicken, bevor wir weitergehen.

Worin besteht jetzt die Wirkung der Mentalanwendung und liegt sie wirklich nur im energetischen Bereich? Oder spielen auch andere Faktoren eine Rolle? Dies zu verneinen, würde bedeuten an der Realität vorbeizusehen. Selbstverständlich ist ein Teil der Wirkung auf Suggestion oder Autosuggestion zurückzuführen.

Natürlich hat jeder vor einer Mentalanwendung ein Ziel vor Augen, sei es ein bestimmtes Verhalten zu ändern oder sich von bestimmten Bildern zu befreien. Wenn wir mit einer positiven Erwartung, also mit dem Glauben, dass es hilft, an die Sache herangehen, ist bereits viel gewonnen. Weitaus schwieriger gestaltet es sich, wenn wir alles als Nonsens abtun. Dabei entsteht eine innere Abwehrhaltung, welche wie ein Panzer wirkt. Erst wenn es gelingt, diesen Panzer zu knacken, ist sinnvolles Arbeiten möglich. Hier beginnt die Arbeit bereits vor der eigentlichen Anwendung und birgt bereits die erste Gefahr.

Manch einer will unbedingt helfen und versucht andere mit allen Mitteln zu überzeugen, die Mentalanwendung zu versuchen. Ich rate von einem solchen Vorgehen dringend ab, denn es bringt mehr Schaden als Nutzen. Wenn die Skepsis gegenüber der Wirksamkeit überwiegt oder vielleicht sogar Angst vor der Technik da ist, verschließt sich unser Bewusstsein. Das ist eine natürliche Abwehrreaktion, die wir zu unserem Schutz aufbauen. Es gibt zwar Mittel, das zu umgehen, aber es ist nicht ratsam sie einzusetzen, denn jede Form von Manipulation, auch wenn sie zum scheinbaren Nutzen des anderen ist, hat in Reiki nichts verloren. Wir sollten uns darüber klar sein, dass hier mit der menschlichen Psyche gearbeitet wird, die entgegen dem äußeren Anschein sehr zerbrechlich sein kann. Gehen wir also mit aller gebotenen Vorsicht zu Werke.

Wenn die nötige positive Haltung, der Glaube an die Wirksamkeit, da ist, kommt der nächste Schritt. Wir müssen herausfinden, welches Problem besteht und darauf aufmerksam machen, dass es mit einer oder mehreren Mentalanwendungen nicht getan ist. Ich habe zum Beispiel sehr gute Erfahrungen mit der Mentalanwendung bei der Reduzierung von Übergewicht gemacht. Ohne eine Umstellung der Essgewohnheiten ist der Erfolg jedoch gering. Sie unterstützt nur die Verhaltensänderung und erleichtert das Abnehmen, wobei der andere sehr wohl auch etwas leisten muss. Dies gilt auch für alle anderen Bereiche, in denen positive Wirkungen erzielt werden können und dazu zählen:

Abbau von Angstzuständen und Panikattacken

Steigerung der Konzentrationsfähigkeit

Beheben von Lernschwächen

Hilfe bei psychosomatischen Erscheinungen

Erleichterung bei der Suchtentwöhnung

Unterstützung von Diäten

Hilfe bei stressbedingten Beschwerden

Hilfe bei Schlaflosigkeit

Rasche Erholung bei körperlicher und geistiger Erschöpfung

Hilfe bei Spannungskopfschmerzen

Hilfe bei Nervosität

Unterstützung bei Aggressionsabbau und Verminderung von
Hyperaktivität

Unterstützung bei krankhaften Essstörungen

Hilfe bei psychisch bedingten Sprachstörungen

Verbesserung der Einstellung zum eigenen Selbst

Um es aber nochmals mit aller Deutlichkeit zu sagen, die
Mentalanwendung dient nur zur Unterstützung und ersetzt
keinesfalls eine ärztliche Therapie. Wenn ein Krankheitsbild
vorliegt, führe ich persönlich nur dann eine Reiki-Anwendung
durch, welche auch immer, wenn gleichzeitig eine ärztliche
Behandlung erfolgt. Alles andere wäre verantwortungslos.
In Verbindung mit aktiven oder passiven meditativen Übungen,
von denen wir einige noch besprechen werden, können positive
Wirkungen in folgenden Bereichen erzielt werden:

Steigerung der Kreativität

Steigerung der intellektuellen Leistungsfähigkeit

Steigerung der körperlichen Leistungsfähigkeit

Verbesserung sportlicher Leistungen

Lustgewinn im sexuellen Bereich

Hilfe bei psychisch bedingter Impotenz und Frigidität

Geistige Ausgeglichenheit im Alltag

Die Mentalanwendung ist aber kein Wundermittel. Wenn keine Bereitschaft da ist, das Verhalten zu ändern, bleibt sie wirkungslos. Sie dient dazu, leichter das gewünschte Ziel zu erreichen. Der nächste Schritt ist das gemeinsame Erarbeiten von Affirmationen, die der persönlichen Situation angepasst werden müssen.

Arbeit mit Affirmationen

Dieser Bereich ist sehr komplex, sodass ich hier nur eine kurze Anleitung für den täglichen Gebrauch geben kann. Manche Suggestivtechniken sind nicht ganz ohne Gefahr, sodass sie Fortgeschrittenen vorbehalten bleiben. Bevor man mir den Vorwurf macht etwas zurückzuhalten, gebe ich zu bedenken, dass mit sogenannten ,Psychomethoden' schon viel Schindluder getrieben wurde. Es gehört oft viel Erfahrung dazu, sie sinnvoll einzusetzen. Aber selbst mit der hier beschriebenen Technik sind sehr gute Erfolge zu erzielen. Grundsätzlich ist Folgendes zu beachten:

1. Nehmen Sie sich genügend Zeit, die Affirmationen auszuarbeiten und schreiben Sie alles auf. Eine besprochene Kassette, die vor dem Einschlafen abgespielt wird, ist eine gute Unterstützung.

2. Vermeiden Sie negative Formulierungen, welche vom Unterbewusstsein falsch interpretiert werden. Es kennt auch keine Vergangenheit oder Zukunft, darum sollten Sie immer ,jetzt' verwenden, als Zeit die Gegenwart verwenden, also immer im Präsens formulieren.

3. Vermeiden Sie lange und verschachtelte Sätze. Je kürzer und prägnanter die Eingaben sind, umso leichter prägen sie sich ein.

4. Wenn mehr als ein Problem existiert, Schritt für Schritt vorgehen. Beginnen Sie mit dem kleinsten, denn wird dieses mit Erfolg gelöst, wirkt das positiv auf die weitere Arbeit.

5. Zur Problemlösung muss auch aktiv beigetragen werden. Das sollten Sie auch bei der Formulierung berücksichtigen und darauf aufmerksam machen.

6. Nur sehr selten löst sich ein Problem von heute auf morgen, darum sollte man auch Geduld haben. Oft sind Veränderungen erst nach einiger Zeit bemerkbar.

7. Ein Auf und Ab gibt es immer wieder. Rückschläge müssen akzeptiert werden, ohne alles, vor allem sich selbst, sofort in Frage zu stellen.

8. Nehmen Sie die Angst vor Veränderung ernst, auch wenn es jemandem noch so schlecht geht. Oft ist eine unbestimmte Furcht da, dass es noch schlimmer werden könnte.

9. Wenn keine positive Einstellung zum Leben entwickelt wird, ist jede Arbeit sinnlos. Darum Achtung, bei schweren Depressionen unbedingt zu einer ärztlichen Therapie raten!

Wenn Sie diesen einfachen Regeln folgen, ist die Arbeit mit Affirmationen erfolgversprechend und gefahrlos. Beziehen Sie auch immer den Partner mit ein, damit er bemerkt, wie wichtig seine Mitarbeit ist. Außerdem entsteht dann nicht der Eindruck einer Abhängigkeit, welcher in keinem Fall geweckt werden darf. Auch hier gilt: Geben Sie Hilfe zur Selbsthilfe!

Die Mentalanwendung

Die größte Wirkung wird erzielt, wenn sie im Anschluss an eine Kurz- oder Ganzanwendung erfolgt. Hier ist bereits ein sehr entspannter Zustand eingetreten, der nur mehr in den seltensten Fällen vertieft werden muss. Zu Beginn soll sie an vier aufeinanderfolgenden Tagen durchgeführt werden, dann wenigstens einmal wöchentlich. Sorgen Sie unbedingt für absolute Ruhe und vermeiden Sie Störungen.
Bei der Anwendung tritt ein leichter hypnotischer Zustand ein, in dem das Bewusstsein Selbst- und Fremdsuggestionen sehr aufgeschlossen ist. Hier werde ich oft gefragt, ob es auch möglich ist, negative Bilder zu suggerieren. Die Antwort ist jein. Unmöglich ist es, dem anderen etwas mitzugeben, was dessen Moral widerspricht. Sehr wohl möglich ist es jedoch negative Vorstellungen, die bereits bestehen, zu verstärken. Wer sieht sich nicht gerne in seiner Meinung bestätigt? Also rate ich nochmals zur Vorsicht.
Hier möchte ich noch einmal auf den hypnotischen Zustand zurückkommen. Wie später beim Ablauf beschrieben werden

die Hände auf Stirn und Hinterkopf des Partners gelegt. In der Hypnosepraxis wird das als haptisches Einleitungsverfahren bezeichnet, in dem auch das aus den Händen strömende Qi, dort Fluidum genannt, bekannt ist. Die haptischen Reize wirken, vermutlich wegen des schon im Mutterleib entwickelten Tastsinns, besonders regressionsfördernd und hypnogen. Ausgehend von der Psychotherapie können wir auch von einer verstärkten ‚Wir-Bildung' ausgehen, welche durch das Handauflegen entsteht.

Im Folgenden habe ich den Ablauf genau beschrieben. Es ist auch möglich, die Anwendung im Liegen durchzuführen. Wichtig ist es auch, sich danach noch etwa 15 Minuten Ruhe zu gönnen, um alles zu verarbeiten. Am zweckmäßigsten ist eine kurze Meditation. Die Mentalanwendung, egal ob bei sich selbst oder einem anderen durchgeführt, stellt, einfach ausgedrückt, eine besonders wirksame Form des positiven Denkens dar.

Der Ablauf

1) Nehmen Sie sich ca. 10 - 20 Minuten Zeit. Hektik stört die Entspannung und lässt ein Gefühl von Unruhe aufkommen. Außerdem sollten Sie den Partner spüren lassen, dass Sie sich die Zeit gerne nehmen.

2) Sorgen Sie für Ruhe und vermeiden Sie jede Störung. Gedämpftes Licht fördert die Entspannung ebenso wie frische Luft.

3) Der Partner sitzt oder liegt vor Ihnen. Beim Sitzen sollten Wirbelsäule und Kopf eine gerade Linie bilden, die Augen

geschlossen sein. Die Füße stehen parallel am Boden und die Hände liegen locker auf den Oberschenkeln.

4) Jetzt entspannen sich beide. Leise Musik, Atemübungen, Duftlampe und Kerzenlicht können dabei hilfreich sein, sind aber kein Muss. Vorsicht bei der Auswahl des Aromaöls, nicht jeder hat den gleichen Geschmack!

5) Jetzt kommt die Bitte um Energie. Sie soll uns einfach daran erinnern, dass wir nur mit dem Qi arbeiten und symbolisiert eine Demutshaltung der Schöpfung gegenüber.

6) Sie harmonisieren den Energiekörper drei mal von oben nach unten.

7) Jetzt visualisieren oder zeichnen Sie das Choku Rei auf den Hinterkopf, das Sei Heki auf die Medulla, anschließend das Choku Rei darüber. Danach legen Sie eine Hand auf die Stirn, die andere auf den Hinterkopf des Partners und sprechen drei bis fünfmal mit leiser und monotoner Stimme die Affirmationen.

8) Sie harmonisieren den Energiekörper dreimal von unten nach oben.

9) Dann stimulieren Sie den Zentralmeridian, indem Sie mit zwei Fingern knapp am Körper vom Damm bis zur Unterlippe streichen.

10) Der anschließende Dank für das Qi beendet die Mentalanwendung.

Spezifische Wirkungen suggestiver Techniken

Suggestionen beeinflussen nicht nur unser Bewusstsein, sondern auch den Organismus. Das heißt, dass wir durch entsprechende ‚Befehle' unsere oder die Körperfunktionen anderer bis zu einem gewissen Grad steuern können. Dabei gilt es zwischen zwei Formen zu unterscheiden.

Die erste, welche ich nur kurz streifen will, ist die unabsichtliche, bewusst angenommene Suggestion. Dabei legen wir eine nicht als Suggestion gemeinte Aussage eines anderen suggestiv aus. Sie wirkt also indirekt, aber sie wirkt. Diese Selbstsuggestion kann hilfreich sein, wenn sie positiv gesehen wird, birgt aber auch eine große Gefahr, die besonders Menschen trifft, welche von Ängsten gepeinigt werden. Mache glauben zum Beispiel von ‚negativer' Energie bedroht zu sein, die ihnen vielleicht ein unangenehmer Zeitgenosse oder ein imaginäres Wesen aus dem Jenseits schickt. Diese Autosuggestion kann so massiv sein, dass sie zu Verfolgungswahn führt. Dabei ist der Verfolgte logischen Argumenten nicht mehr zugänglich.

Oftmals wird diese unbegründete Angst durch gewissenlose Mitmenschen noch geschürt und ausgenützt. Die einzige Möglichkeit aus diesem Teufelskreis zu entkommen, bildet eine entsprechende Gegensuggestion, keinesfalls aber Hilfsmittel wie Amulette. Solche stellen nur Krücken dar, von denen man mit der Zeit abhängig wird, ohne eine eigene innere Kraft zu entwickeln. Diese Form der Selbstsuggestion entspringt unserer Sicht der Dinge, welche die Realität manchmal nur durch einen Filter wahrnimmt, der nur Gewünschtes durchdringen lässt.

Wichtiger bei der Mentalanwendung ist die absichtliche, bewusst angenommene Suggestion. Dabei gilt, dass Suggestor und Suggestionsempfänger über das Geschehen und seinen Ablauf genügend informiert sind. Sehen wir uns an, was dabei möglich ist und welche Funktionen beeinflusst werden können.

1) Beeinflussung des Willens: Dabei kann eine vollkommene Amnesie ausgelöst werden, aber auch weit zurückliegende Ereignisse können wieder in Erinnerung gerufen werden. Die Stimmung kann von Freude bis zur depressiven Missstimmung verändert werden.

2) Beeinflussung der Triebe: Essverhalten, Sexualtrieb, usw. können gestärkt, vermindert oder in andere Bahnen gelenkt werden.

3) Beeinflussung der Muskeltätigkeit: Dazu zählen Katalepsie, automatische Bewegung ohne Ermüdung, Veränderung von Blutdruck, Herztätigkeit und der Organdurchblutung.

4) Beeinflussung der Drüsentätigkeit: Dabei kann die Hormonausschüttung kontrolliert werden, auch die Zusammensetzung von Blut und Magensaft.

5) Beeinflussung von Blutungen: Einerseits können durch entsprechende Suggestionen Blutungen gestoppt werden, andererseits können Blutungen durch die Haut hervorgerufen werden. Verletzungen, die in einem Zustand der Versenkung entstehen, bluten meist nicht.

6) Stigmatisierung und Halluzination: Dabei können alleine durch Suggestion Brandblasen, Wunden, Ausschläge, Stigmatisierungen aber auch positive und negative Halluzinationen ausgelöst werden.

Das waren die wichtigsten Wirkungen suggestiver Techniken und wir erkennen bereits hier die gesamte Bandbreite. Dabei möchte ich noch eines bemerken, nämlich dass wir auch im Alltag, durch Staat, Politik, Kirche und Medien ständig Suggestionen ausgesetzt sind. Oft sind sie so subtil, dass wir sie gar nicht bemerken. Folgen solcher oft unbemerkter Beeinflussungen sind politischer oder religiöser Wahn, hysterische Panik vor dem Weltuntergang, einen bestimmten Kreis von Menschen, siehe Hexenverbrennung und Judenverfolgung oder Rassismus, für die allgemeine oder persönliche Lage verantwortlich zu machen. Auch das Heraufbeschwören von Ängsten, um Machtansprüche durchzusetzen, zählt dazu. Einige dieser subtilen Suggestionstechniken sind auch in der sogenannten ‚Esoterik‘ zu finden. Vor allem dann, wenn es darum geht, pseudoreligiöse Inhalte und Botschaften zu vermitteln. Eines muss uns auch bewusst sein, dass nämlich die beschriebenen Wirkungen durch Selbst- und auch durch Fremdsuggestion ausgelöst werden können. Wir können damit auch unsere Ängste, Krankheiten und Wahnvorstellungen zur Realität werden lassen, sind somit Schöpfer unserer eigenen Welt.

Unser Bewusstsein ist instabiler als wir glauben, darum sollten wir mit allen Suggestivtechniken sehr vorsichtig umgehen. Wenn wir mit der gebotenen Vorsicht und Bedachtsamkeit ans Werk gehen, uns dabei selbst zurücknehmen, ist die Mentalanwendung ein äußerst wirksames und hilfreiches Werkzeug. Eine Frage sollten wir uns aber trotzdem immer wieder stellen: Wie oft arbeiten wir selbst, so ganz nebenbei, mit Suggestivtechniken? Vielleicht kann die Antwort helfen, das eigene Verhalten zu beurteilen und dadurch auch die negativen Fremd- und Selbstsuggestionen zu entlarven.

Optimierung des Qi-Flusses

Durch diese einfache Technik wird der Energiefluss bei allen Anwendungen verstärkt. Wir handeln wieder nach dem Grundsatz, dass Qi der Aufmerksamkeit folgt. Dabei wird das CKR in der unten beschriebenen Reihenfolge auf die entsprechenden Körperstellen visualisiert. Welche Bedeutung haben aber diese Punkte? Einige werden jetzt sagen, dass es Nebenchakren sind, aber diese sind eher in Indien bekannt. Doch auch im Qi-gong und der chinesischen Medizin haben diese Punkte eine wichtige Bedeutung. Durch die Akupunkturpunkte, japanisch Tsubos, kann Qi aufgenommen aber auch abgegeben werden.

1) <u>In die linke und rechte Handfläche:</u> In der Akupunktur wird dieser Punkt mitten auf den Handflächen Lao-gong bezeichnet und ist der achte auf dem Herzmeridian. Hier wird das Qi gesammelt, bevor es weiter fließt. In der fortgeschrittenen Übung werden die Konzentration und das Qi dorthin gelenkt. Durch das richtige Schließen der Faust wird er positiv stimuliert.

2) <u>In das Hara:</u> Das Hara, übersetzt Bauch, stellt den ganzen Bereich zwischen Magen und Unterleib dar. Der Punkt Qi-hai, japanisch Kikei, ist der sechste auf dem Meridian Ren-mai und liegt etwa drei Fingerbreit unter dem Nabel. Wörtlich übersetzt heißt er ,Meer des Atems' und bildet das Zentrum des unteren Zinnoberfeldes ,Dan-tian' oder ,Tanden' und gilt als Sammelstelle für das Qi. Der Qi-hai ist auch der Zugangspunkt zum Dan-tian. Im Hara wird das innere Gleichgewicht hergestellt und der energetische

Mittelpunkt des Menschen mit Qi versorgt, aber auch die notwendige innere Kraft entwickelt, aus der die ‚rechte Haltung' entspringt. Man ruht in sich.

3) In die linke und rechte Fußsohle: Der Yong-quan, übersetzt ‚sprudelnde Quelle', ist der erste Punkt des Nierenmeridians. Er befindet sich auf der Fußsohle an der Grenze zwischen vorderen und mittleren Drittel. Im Qigong hat er, wie in der Kampfkunst eine wichtige Bedeutung, denn um einen richtigen und festen Stand einzunehmen, muss der Hauptteil des Gewichtes auf diesem Punkt liegen. Hier kommt auch der übertragene Sinn einer guten Erdung zum Vorschein. Nur wer über einen festen Stand verfügt, also mit beiden Beinen im Leben steht, verliert den Bezug zur Realität nicht.

Diese Technik sollten Sie vor jeder Anwendungsform durchführen, um einen optimalen Qi-Strom und eine gute Erdung zu gewährleisten. Besonders aber, um den harmonischen Zustand der inneren Ruhe und Kraft zu erhalten. Da das Hara als energetischer Mittelpunkt des Menschen gilt, zentrieren wir uns, wenn wir die Aufmerksamkeit auf diesen Punkt richten. Und auch im täglichen Leben gibt es immer wieder Situationen, welche uns aus der Mitte bringen. Auch da hilft diese Technik.

Das Harmonisieren des Energiekörpers

Auch diese Technik wird mit den Möglichkeiten des zweiten Grades effektiver, da der Qi-Fluss stärker ist und Blockaden leichter gelöst sowie Energiedefizite schneller ausgeglichen werden können.

Der Ablauf ist ebenso wie im 1. Grad, mit einem kleinen Unterschied. Bevor man beginnt die Aura mit den Händen zu harmonisieren, werden das SHK und anschließend das CKR in den Energiekörper visualisiert. Dadurch wird der optimale Qi-Fluss hergestellt und die Aufnahmefähigkeit für Qi erhöht.

Wenn das Vertrauensverhältnis zwischen beiden stimmt, kann dem Harmonisieren des Energiekörpers eine sanfte Massage vorangehen. Sie fördert die Durchblutung der Haut und löst leichte Verspannungen in der Muskulatur. Verwenden Sie dazu ein Massageöl, dem Sie einige Tropfen eines Aromaöls beifügen. Anregungen finden Sie in einschlägiger Literatur. Versuchen Sie es einmal, auch wenn Sie kein ausgebildeter Masseur sind. Eine leichte Streichelmassage wirkt oft Wunder.

Chakren-Ausgleich mit dem 2. Reiki-Grad

Bevor wir hier weitergehen, möchte ich noch eines vorausschicken. Immer wieder wird davon gesprochen, dass man Chakren öffnet oder schließt. Das führt oft zu Missverständnissen. Sie liegen auf den beiden Hauptmeridianen und müssen als wichtige Energiepunkte angesehen werden. Um ihrer Aufgabe gerecht zu werden, müssen sie stets ‚offen' sein, denn sonst könnten sie weder frisches Qi aufnehmen, noch verbrauchtes abgeben. Es kann also nur eine Über- oder Unterfunktion geben.

Um diese zu beheben, gilt es nicht nur im energetischen Bereich zu arbeiten, sondern auch aktiv am eigenen Verhalten, da eines das andere beeinflusst. Jedem dieser Energiepunkte liegt eine Seinserkenntnis mit psychologischem Ansatz zugrunde. Das

Verdrängen bestimmter Ebenen führt zu einem Ungleichgewicht, darum ist es wichtig, das Energiesystem gleichmäßig zu entwickeln. Wer nur an seiner Spiritualität arbeitet, verliert im wahrsten Sinne des Wortes den Boden unter den Füßen. Wenn einzelne Lebensbereiche, Sexualität zum Beispiel, als negativ betrachtet werden, soll man sich die Frage stellen, warum man so empfindet.

Harmonie ist also nur möglich, wenn wir in allen Lebensbereichen einen goldenen Mittelweg finden, der keine Extreme kennt. Abweichungen von der Mitte entstehen immer durch zuviel ‚Wollen'. Auch wenn wir eine Ebene nicht akzeptieren, heißt das nicht weniger wollen. Meist versuchen wir, indem wir einen Bereich von uns abtöten oder verleugnen, in einem anderen mehr zu werden. Wenn ich also auf den ‚bösen' Sex verzichte, werde ich dafür spiritueller, weil meine Aufmerksamkeit ‚nach oben' gerichtet ist. Wohin das führt, sehen wir in den Kirchen, wo das Zölibat gilt. Das Verdrängte kommt irgendwann durch, oft dann mit aller Gewalt. Nehmen wir die Bedeutung der Chakren als Möglichkeit, an uns zu arbeiten. Und jetzt sehen wir uns an, worin die Seinserkenntnisse liegen.

7. Scheitel-Chakra: „Ich bin eins mit allem" soll die Verbundenheit mit der gesamten Schöpfung versinnbildlichen. Hier ist das reine ‚Sein an sich' Grundlage der Aussage. Wir können es auch als Erkennen einer übergeordneten Wirklichkeit bezeichnen. Es  ist also nicht nur die Verbindung zum ‚Göttlichen' gemeint, sondern eine zur Umwelt im Allgemeinen. Anders ausgedrückt stellt das Scheitel-Chakra eine Hauptverbindung zum universellen Energiefeld und damit zum Qi dar.

6. Stirn-Chakra: „Ich bin" steht für die Seinserkenntnis. Das Bewusstsein des eigenen Seins wird hier zum Ausdruck gebracht. Aber auch die Fähigkeit der  Intuition wird dem Stirn-Chakra zugeordnet. Unser Blickfeld, nicht nur das physische, erweitert sich auf dieser Ebene, denn man nimmt mit allen Sinnen wahr. Vorsicht ist allerdings geboten, denn allzu oft verwechseln wir Intuition mit unseren eigenen unbewussten Wunschvorstellungen. Wer also wirklich intuitiv erkennen und handeln will, muss sich selbst zurücknehmen.

5. Kehl-Chakra: „Ich teile mein Sein auf natürliche Weise immer freier und schöpferischer mit" stellt den Seinsausdruck in den Vordergrund. Dabei dürfen wir eines nicht vergessen: Wir drücken hier nicht nur unser Sein aus, sondern auch wie wir das  Sein-an-sich erleben, unsere Sichtweise der Welt. Jeder Ausdruck, ob sprachlich oder körperlich, ist ein Spiegel unseres Inneren. Da wir in ständiger Interaktion mit der Umwelt stehen, drücken wir auch aus, was wir aufgenommen haben. Unser Ausdruck wird in weiten Teilen von Eindrücken bestimmt, die uns inspirieren und neue Ideen entstehen lassen.

4. Herz-Chakra: „Ich gebe der Liebe in mir mehr und mehr Raum" steht für die Seinshingabe.  Damit ist aber nicht nur die Liebe gemeint, welche wir für andere oder die Schöpfung an sich empfinden, sondern auch die ‚Selbstliebe'. Nur wenn wir uns selbst akzeptieren können, ein positives Bild von uns haben, können wir auch anderen gegenüber positiv empfinden. Nur wer Selbstvertrauen besitzt, kann anderen vertrauen. Wir dürfen uns nicht nur an das Sein hingeben, sondern gleichermaßen an das Selbst und so eines durch das andere erfahrbar machen.

3. Solarplexus-Chakra: „Ich bin Kraft" drückt die Seinsgestaltung aus.  Hier sollen wir ganz bewusst die eigenen Gefühle und Erlebnisse erfahren, welche unsere Weisheit wachsen lassen können. Hier entscheidet sich auch, ob wir leben oder gelebt werden. Wer seine eigene Autorität und Kraft nicht erkennt und zulässt, bleibt sein Leben lang von anderen abhängig. Wer auf dieser Ebene zu viel will, unterdrückt ständig andere. Versuchen wir also unser Selbst, mit all unseren Meinungen, Vorurteilen und Vorstellungen, nicht anderen aufzuzwingen.

2. Sakral-Chakra: „Meine Lebensfreude wächst von Tag zu Tag" soll uns die  Schönheiten des Seins in allen Facetten deutlich machen. Hier kommt auch die Seinsfortpflanzung zum Ausdruck, wobei der

Geschlechts- oder Zeugungsakt nicht nur als Fortpflanzung im biologischen Sinne gemeint ist, sondern auch der Genuss an natürlicher Sexualität. Gerade die sexuelle Verbindung zweier Körper stellt das intimste und damit unmittelbarste Erlebnis dar, einen anderen anzunehmen und sich im selben Augenblick hinzugeben. Ein Orgasmus wird oft als Moment des ‚Alles-Vergessens' erlebt, ein ‚kleiner Tod' eben. Versuchen wir also auch diesen so oft tabuisierten Bereich des Daseins in aller Natürlichkeit zu sehen und zu leben, ohne deswegen ein schlechtes Gewissen zu haben.

1. Wurzel-Chakra: „Ich will leben" sollte als grundlegende Aussage unseres Seinswillens gelten. Wer diesem Bereich zu wenig Aufmerksamkeit schenkt, verliert den Bezug zum Leben. Unsere materielle Existenz birgt nicht nur Leid und Schmerz, sondern auch Freude. Dazu gehört es auch, den Körper, als Tempel unserer Seele, mit allem Lebensnotwendigen zu versorgen und gleichzeitig dem Spiel des Lebens voller Freude nachzugehen. Versuchen wir also unsere Wurzeln, die in der Erde ihre Kraft finden, gesund zu erhalten und unser Leben zu genießen.

Wenn wir uns mit einem Baum vergleichen, so kann der ohne Wurzeln nicht wachsen. Offensichtlich für uns ist nur die Krone, welche sich zum Himmel reckt, aber wir sollten auch tiefer sehen. Ein Baum lebt nicht vom Himmel alleine und auch nicht der Mensch. Sehen wir in der Bedeutung der Chakren einen Aufruf an uns, keinen Aspekt des Menschseins zu vernachlässigen und Extreme zu vermeiden. Dann leben wir in unserer Mitte, ohne ständig ein Auf und Ab fürchten zu müssen oder den Sinn für die Realität zu verlieren. Jetzt aber zum Gebrauch der Symbole beim Harmonisieren der Chakren.

Auch hier gilt, dass die Techniken des 1. Reiki-Grades durch die Symbole verstärkt werden, indem man SHK und anschließend das CKR auf die Chakren visualisiert. Mit Hilfe des 1. Symbols ist auch ein Schnellausgleich der Chakren möglich. Dazu zeichnet man es, beim Scheitelchakra beginnend, in einer kreisförmigen Bewegung durch alle Chakren hindurch bis zum Herzen. Die technische Anwendung ist, wie man sieht, sehr einfach. Die Arbeit im täglichen Leben weniger, aber mindestens genauso wichtig.

Ganz- und Kurzanwendung im 2. Grad

Der Ablauf ist gleich wie im 1. Grad. Nach dem Bitten optimieren wir den Qi-Fluss mit der vorher beschriebenen Technik. Anschließend lassen wir bei jeder Handposition das SHK in die Körperstelle fließen, um Ungleichgewichte in den Meridianen auszugleichen, dann das CKR, um den Energiefluss zu verstärken. Dadurch kann die Dauer der Ganzanwendung auf etwa 15 - 20 Minuten reduziert werden, die der Kurzanwendung auf 5 - 10 Minuten. Das sollten wir aber nur als Richtzeiten ansehen, denn hier ist vor allem das persönliche Einfühlvermögen und Empfinden wichtig.

Obwohl wir im zweiten Grad die Möglichkeit der Fernanwendung haben, sollten wir auf die ‚normalen‘ Anwendungsformen nicht verzichten. Das hat mehrere Gründe. Beim Auflegen der Hände wird die Aufmerksamkeit auf die berührte Stelle gelenkt. Da auch hier eine suggestive Wirkung besteht, man erwartet eine Besserung des Zustandes, werden die psychischen Suggestionen somatisiert, körperlich übersetzt.

Eine weitere positive Wirkung, welche nur bei direktem körperlichen Kontakt auftritt, ist die Überwindung des unpersönlichen Abstandes. Das Bedürfnis nach Nähe wird durch den Aufbau einer intensiven Wir-Beziehung über die körperliche Verbundenheit gefördert. Weiters kommt auch die Mutter-Kind-Symbolik zum Tragen, welche ebenfalls regressionsfördernd wirkt. Obwohl man bei Reiki die Kleidung anbehalten kann, ist es oft sehr angenehm, wie ich auch aus eigener Erfahrung weiß, nicht nur Körper-, sondern auch Hautkontakt zu haben. Nur eines sollten wir dabei beachten, die Hände müssen wirklich angenehm warm sein.

Übungen für die Praxis

Keinen Fehler gestehen wir
lieber ein als Trägheit.
Wir meinen, sie hinge
mit den stillen Tugenden
zusammen und machte
die übrigen, ohne sie ganz
zu vernichten, nur
zeitweise unwirksam.

La Rochefoucauld

Die Bedeutung der drei Zinnoberfelder

Immer wieder wird in den verschiedenen Reikibüchern die Bedeutung der Chakren betont, während die drei Zinnoberfelder oder Dan-tian kaum Beachtung finden. Dabei spielen sie in der chinesischen Medizin und im Qi-gong eine weitaus bedeutendere Rolle als die Chakren, welche aus der indischen Kultur bekannt sind.

Nach traditioneller Ansicht gibt es drei Zentren des Dan-tian. Der Shang-Dan-tian über der Nasenwurzel entspricht dem Akupunkturpunkt Yin-tang, der Zhong-Dan-tian auf der Brustmitte entspricht dem Akupunkturpunkt Tan-zhong und letztendlich der für uns interessanteste, der Xia-Dan-tian, dessen Zentrum auf dem Akupunkturpunkt Qi-hai (knapp unter dem Nabel) liegt.

Das obere Zinnoberfeld steht für unseren Geist, das mittlere für die Seele und das untere für die Natur. Fälschlicherweise könnte jetzt der Eindruck entstehen das sich unser energetisches Zentrum im Herzen, der Mitte also befindet. Dem ist nicht so, denn es wird im Hara, im unteren Dan-tian lokalisiert. Hier wird zum Ausdruck gebracht, dass sich Geist und Seele nicht von der Natur lösen dürfen. Bemerkenswert erscheint mir dabei, dass im Gegensatz zu anderen Ansichten, gerade der untere Bereich als wichtig erscheint. Wenn mir ein kurzer Vergleich mit der Chakrenlehre erlaubt ist, in der oft vor allem die höheren Chakren überbewertet werden, kommt hier der Aspekt des Verbindenden zum Ausdruck. Nur wenn wir unsere Natur pflegen, entsteht eine Harmonie von Körper, Geist und Seele.

Das untere Dan-tian wird als Feld verstanden, welches die Akupunkturpunkte Zongh-ji (Ren-mai 3), Guan-yuan (Ren-mai 4), Shi-men (Ren-mai 5) und Qi-hai (Ren-mai 6) umfasst und über den es sich beeinflussen lässt. Im Dan-tian oder Tanden wird Qi angesammelt und gespeichert. Das Reservoir an Energie kann dann jederzeit abgerufen werden.

Der Zen-Meister Daiun Sogaku Harada betonte mit den Worten: *„Der Mittelpunkt des Weltalls ist eure Bauchhöhle"*, die enorme Bedeutung des Tanden oder Hara. Karlfried Graf Dürckheim, der ein ganzes Buch nur über das Hara verfasste, bezeichnete das untere Zinnoberfeld als nicht nur anatomische, sondern existentielle Mitte des Menschen. Gesund im Sinne der japanischen Medizin ist der im Hara verankerte Mensch.

Hier möchte ich noch Okada Torajiro, den Gründer der Praxis des Seiza, zitieren, der in seinem Buch ‚Worte des Meisters' Folgendes sagt:

Tanden ist der Schrein des Göttlichen. Wenn seine Burg herrlich gebaut ist und das Göttliche in uns wächst, dann ist ein wahrer Mensch vollendet. Wenn man die Menschen in Ränge einteilt, dann ist der niedrigste der, der seinen Kopf werthält. Bei denen, die nur zusehen, so viel Wissen wie möglich anzuhäufen, wird der Kopf größer und größer, und so geraten sie leicht ins Wanken, wie eine umgekehrte Pyramide. Im Nachahmen anderer sind sie groß, aber weder Originalität noch Erfindung, noch ein großes Werk ist ihre Sache.

Die nächsten sind die mittleren Ranges. Bei ihnen bildet die Brust den wichtigsten Teil. Menschen mit Selbstkontrolle, von Enthaltsamkeit und mit asketischen Tendenzen gehören zu diesem Typ. Das sind Menschen mit vordergründigem Mut, aber ohne wirkliche Stärke. Viele der sogenannten großen Männer sind von dieser Klasse. Aber das genügt nicht.

Die aber den Unterbauch als den wichtigsten Teil ansehen und also die Burg gebaut haben, darin die Gottheit wachsen kann, das sind die vom obersten Rang. Diese Menschen haben sowohl

den Geist, als auch den Körper in der rechten Weise entwickelt. Kraft strömt aus ihnen heraus und erzeugt eine seelische Verfassung von großer Gelassenheit. Sie tun, was ihnen beliebt, ohne das Gesetz zu verletzen.
Der erste denkt, dass die Wissenschaft die Natur beherrschen kann. Der zweite hat einen Scheinmut und weiß hart zu kämpfen. Der dritte ist der, der um die wahre Wirklichkeit weiß.

Der zentrale Punkt des Tanden wird, nach einem chinesischen Ausdruck, auch Seika-Tanden bezeichnet, was mit ‚Fluss des Zinnobers' übersetzt wird. Das Zinnober, eine blutrote Farbe, bringt die vitale Kraft zum Ausdruck.
Der Hara, übersetzt Bauch, unterteilt sich in die Bereiche I, den Magen, und Kikai, den Bereich unter dem Nabel. Im Kikai befindet sich dann auch der Tanden, unser Schwerpunkt. In allen Wegkünsten ist die Übung des Hara von essentieller Bedeutung. Nur wer über genügend Selbsterkenntnis und Selbstdisziplin verfügt, befindet sich in einer körperlich-geistigen Mitte.
In allen Weglehren, ganz gleich welche Übung man wählt, steht die Entwicklung des Hara im Mittelpunkt. So sagt ein japanisches Sprichwort: *„Ob Teetrinken, Blumenstecken oder Sitzen, es ist immer dasselbe."* Damit ist eine Bewegung oder Tätigkeit gemeint, die Körper, Geist und Seele gleichermaßen einschließt.
Betrachten wir also noch einmal die Aspekte der Zinnoberfelder:

1) Die energetische Komponente: Das untere Zinnoberfeld dient als zentrale Sammelstelle für das Qi. Von hier aus wird der gesamte Körper versorgt. Weiters kann nur bei entsprechender Übung Qi gezielt eingesetzt werden.

2) Die philosophische Komponente: Nur bei einer ausgeglichenen Entwicklung aller drei Bereiche ist wahre Stärke und Kraft, letztendlich ein ganzheitliches Sehen der Realität möglich.

3) Die psychologische Komponente: Hier wird wieder der Kampf des Menschen gegen das Ego angesprochen. Selbstdisziplin und Selbsterkenntnis sind nur auf Grund harter Arbeit zu erreichen.

4) Die moralische Komponente: Erst wenn der Hara entsprechend entwickelt ist, hat der Mensch eine ‚rechte Haltung' die ihm erlaubt, übergeordnete Zusammenhänge intuitiv zu erfassen. Deswegen steht er seiner Umwelt stets gelassen und wohlwollend gegenüber.

Hara bildet ein grundlegendes Prinzip des Sichbefindens, Sichbewährens und Sichverhaltens, das auch den Alltag umfasst. Damit bildet es den Grundausdruck unserer seelischen Grundbeschaffenheit. Wie erkennen wir, ob unser Hara genügend entwickelt ist? Nun, einerseits sollte ja ein Lehrer da sein, der den Fortschritt überwacht, oder wir beobachten uns selbst. Wer an Wutausbrüchen leidet, sein Geltungsbedürfnis nicht kontrollieren kann oder Ungeduld zeigt, beweist, dass sein Hara noch unfertig ist. Um es mit einem Satz zu sagen, wer eine unreife Lebenshaltung an den Tag legt, hat noch viel Arbeit vor sich.

Auch hier sehen wir wieder, dass Reiki nicht so einfach ist, wie vielfach behauptet wird. Natürlich nur dann nicht einfach, wenn wir Willens sind, an uns zu arbeiten, und zwar lebenslänglich. Wenn Sie also an Fortschritt interessiert sind, dann rate ich von allen Reiki-Schnellkursen und Ferneinweihungen ab. Nur Beständigkeit, Ruhe und Geduld führen letztendlich zu einer ganzheitlichen Entwicklung.

Im nächsten Kapitel finden Sie einige Übungen, um das Hara zu entwickeln. Aber vergessen Sie eines nicht, nur wenn Sie immer, auch im Alltag, eine rechte Haltung üben, werden Sie Erfolg haben. Denn wie heißt es in Japan: *„Was richtig geschieht, muss immer mit Hara geschehen.“*

Hara wo Neru - Den Bauch üben

Der größte Feind des Fortschritts
ist nicht der Irrtum,
sondern die Trägheit.

Buckle, Geschichte der Zivilisation

Als Schüler des zweiten Grades sollten Sie auch, wie bereits erwähnt, Ihr Hara entwickeln. Jeder, der nicht nur an der Technik interessiert ist, sondern einen Fortschritt im Sinne der Wegkunst erreichen will, ist dazu angehalten. Hara ist, wie bereits gesagt, das Zentrum jeder körperlichen und geistigen Übung und Fortschritt bedeutet immer eine höhere Verwirklichungsstufe des Hara. Wie aber drückt sich Hara aus? Die drei Ausdrucksformen von Hara sind:

SHISEI - HALTUNG
KOKYU - ATMUNG
KINCHO - SPANNUNG

Unter **Shisei** versteht man die physische und psychische Gesamthaltung eines Menschen gegenüber allen Situationen des Lebens. Höflichkeit, Bescheidenheit und die Fähigkeit zur Selbstkritik helfen die richtige Haltung zu entwickeln.

Kokyu, die Atmung, erzeugt die vitale Kraft. Falsche Atmung erzeugt negative Wirkungen im körperlichen und emotionalen Bereich. Andererseits kann durch eine richtige Atemtechnik nicht nur Qi entwickelt, sondern in Stresssituationen auch negative Gefühle ausgeschaltet und viel für die Gesundheit getan werden.

Bei **Kincho** ist nicht nur die körperliche Spannung gemeint, sondern auch das richtige Verhältnis von Anspannung und Entspannung im ganzen Leben. Nur wenn eine rechte Mitte existiert, fällt der Mensch nicht von einem Extrem ins andere.

Um unser Hara zu entwickeln, genügt es nicht, Qi-gong, Atemübungen und Meditationen durchzuführen. Das Lernen muss in jeder Lebenssituation stattfinden. Gerade im Alltag finden sich die meisten Situationen, um beruflich oder privat aus seiner Mitte zu geraten, wo man ,die Nerven verliert'. Genau hier ist Hara wichtig. Wir sollten nicht nur in der Meditation unsere Mitte finden, sondern immer im Hara ruhen und ständig an uns arbeiten.
Die folgenden Übungen werden Ihnen helfen, den richtigen Ausgleich zwischen Haltung, Spannung und Atmung zu finden. Es sind alles Techniken, die auch im traditionellen Qi-gong sowie im Yoga zu finden sind und deren Wirksamkeit ich an mir selbst feststellen konnte.

Liu-zi-jing, die sechs heilenden Laute

Die gesundheitsfördernde Wirkung von Tönen und Farben ist hinlänglich bekannt. Auch im Qi-gong erkannte man dies und entwickelte ein eigenes System. Diese relativ einfache Methode beeinflusst nicht nur das Bewusstsein, sondern fördert auch die Gesundheit und Abwehrkraft. Denn jeder Ton wirkt auch stimulierend auf ein inneres Organ. Als Ergänzung ist jedem Ton eine Farbe zugeordnet, welche die Wirkung noch verstärkt.

1) Der erste Ton lautet ‚sss' und wirkt auf die Lunge. Er wandelt Depression und Kummer in Mut, Anpassungsfähigkeit und Rechtschaffenheit um. Dazu visualisieren wir die Farbe Weiß und heben beide Arme an.

2) Der zweite Ton lautet ‚ooo' und wirkt auf die Nieren. Beim Intonieren umfassen unsere Hände die Knie. Angst und Stress werden in Ruhe, Gelassenheit und Wachheit umgewandelt. Die passenden Farben sind Dunkelblau und Schwarz.

3) Der dritte Ton lautet ‚schschsch' und wirkt auf die Leber. Aus Aggression und Wut werden Freundlichkeit und Phantasie. Dabei hilft die Farbe Grün und die Augen werden weit geöffnet.

4) Der vierte Ton lautet ‚hhaaa' und wirkt auf das Herz. Dabei werden die Hände wiederholt über dem Scheitel gekreuzt. Arroganz, Launen und Ungeduld werden Liebe, Konzentration und Respekt. Hier hilft die Farbe Rot.

5) Der fünfte Ton lautet ‚hhuuu' und wirkt auf die Milz. Dabei spitzen wir die Lippen. Aus Mitleid und Grübeln werden Gerechtigkeit, Offenheit und Ausgeglichenheit. Die passende Farbe ist Gelb.

6) Der sechste Ton lautet ‚hhiii'. Man spricht ihn am besten im Liegen aus. Er ist keinem speziellen Organ zugeordnet, darum wird er auch ‚Sanjiao-Laut' genannt. Er stellt die Harmonie zwischen allen Körperbereichen dar. San-jiao, der Dreifache Erwärmer, gilt als verbindende Wasserstraße des Organismus, der die Funktion der anderen Organe harmonisiert.

Diese Laute werden stimmlos intoniert. Wir lassen sie einfach leise aus der Kehle aufsteigen und stellen uns kurz die passende Farbe vor. Ohne die zugehörige Übung ist es uns möglich, diese Technik auch im Alltag anzuwenden, ohne unnötig aufzufallen.

Liu-miao-fa-men, die sechsfache esoterische Methode

Diese Methode entwickelte Zhi Zhi (538 – 597), der Gründer der Tian-tai-Schule. Sie fördert und reguliert die Atmung, beeinflusst aber auch die inneren Organe wie den Geist positiv. Die Übung umfasst sechs Stufen, die langsam erklommen werden müssen. Dazu sollten Sie sich Zeit nehmen und nichts erzwingen wollen. Erst wenn eine Stufe vollkommen erreicht ist, geht man zur nächsten über. Ungeduld schadet nur, wie immer auf dem Weg. Also üben wir Geduld, auch wenn es manchmal schwer fällt.

Zuerst nehmen wir eine bequeme und korrekte Sitzhaltung ein. Sehr gut geeignet ist der ,Schneidersitz'. Der Rücken ist dabei gerade, auch der Kopf. Die Hände liegen locker auf den Oberschenkeln.

1) Shu, das Zählen

Das übende Zählen: Wir atmen harmonisch, ruhig und sorgfältig. Dabei zählen wir entweder beim Einatmen oder Ausatmen langsam bis zehn. Während des Zählens sollten keine störenden Gedanken auftauchen.

Das erreichte Zählen: Sobald die erste Methode funktioniert und der Geist frei von Gedanken bleibt, lassen wir das Zählen weg.

2) Sui, das Folgen

Das übende Folgen: Jetzt folgt unsere Aufmerksamkeit dem Atem und unser Atem der Aufmerksamkeit, bis beide verbunden sind.

Das erreichte Folgen: Wir versuchen unsere Aufmerksamkeit so zu schärfen, dass wir das Fließen der Luft durch die Poren wahrnehmen. Dieses Gefühl kommt dann auf, wenn wir es als zu grob empfinden, der Atmung zu folgen. Unser Geist ist dabei in absoluter Stille. Jetzt beginnen wir mit dem Anhalten.

3) Zhi, das Anhalten

Das übende Anhalten: Wir richten unsere Aufmerksamkeit auf die Nasenspitze und folgen nicht mehr dem Atem.

Das erreichte Anhalten: Hier entsteht das Gefühl, das Körper und Geist nicht mehr existieren. Das Konzentrationsobjekt stellt nur eine Widerspiegelung des Geistes dar. Ist das erreicht, beginnen wir mit dem Betrachten.

4) Guan, das Betrachten

Das übende Betrachten: Jeder Atemzug, egal ob ein oder aus, wirkt wie Wind, der vorübergehend nicht die eigentliche Wirklichkeit ist.

Das erreichte Betrachten: Mit dem Gefühl, dass alle Poren ein- und ausatmen, entsteht Barmherzigkeit und Freude.

5) Huan, die Rückkehr

Die übende Rückkehr: Hier sollen wir die Rückkehr zum ursprünglichen Denken finden. Das gelingt uns aber erst dann, wenn wir begreifen, dass wir selbst nicht die eigentliche Wirklichkeit sind.

Die erreichte Rückkehr: All unser Wissen vergeht, da es nicht die wirkliche Realität ist. Wenn keine Gedanken mehr stören und jedes Wissen gegangen ist, können wir den Ursprung erkennen. Da dieser weder entsteht noch vergeht, ist er die Leere. Alles ist verschwunden und damit die Differenzierung von Subjekt und Objekt ebenso aufgehoben, wie es weder Geist noch Wissen, Körper oder Zeit gibt.

6) Jing, die Reinheit

Das Üben der Reinheit: In diesem Zustand ist unser Geist absolut leer und unterscheidet nicht mehr. Damit ist auch das Sein aufgehoben und zum Nicht-Sein geworden.

Die erreichte Reinheit: Unser Geist gleicht einer glatten Wasseroberfläche. Die scheinbare Realität der Welt, welche unsere eigene ist, existiert nicht mehr. Wir finden die Wahrheit im Verlassen der Illusion.

Jetzt noch einige Erklärungen zum tieferen Verständnis. Das Ziel von Liu-miao-fa-men liegt einerseits in der Übung an sich, andererseits in der Auflösung unserer Illusion von der Sichtweise der Welt, also der Leere. Das muss unbedingt berücksichtigt werden. Wenn auch manchmal Bilder auftauchen, darf man nicht daran anhaften und schon gar nicht versuchen sie zu interpretieren. Lassen Sie alle Gedanken wie Wolken vorbeiziehen.
Wie lange es dauert, die letzte Stufe zu erreichen, ist individuell verschieden, ebenso die Dauer einer Meditation. Vernünftig ist es anfänglich zwischen 10 und 20 Minuten zu üben. Versuchen Sie auch nicht sofort alle Stufen zu durchschreiten, denn das ist unmöglich. Erst wenn eine abgeschlossen ist, wenden wir uns der nächsten zu.
Verwenden Sie keine Hilfsmittel wie Musik, Räucherstäbchen oder Duftlampen. Das alles wirkt dabei störend. Sie sollten versuchen, den Zustand der Reinheit aus sich selbst heraus zu erreichen, dann haben Sie auch Unabhängigkeit erworben. Und ganz wichtig ist noch, dass Sie sich kein Zeitlimit setzen. Es passiert, wann es passiert, und Druck verhindert ein Fortschreiten.

Flüssiges Wasser wird nicht schal

In Asien weiß man seit Jahrtausenden um die enorme Wichtigkeit richtiger Bewegung. Alles Harte und Steife ist todgeweiht, nur das Biegsame lebendig. Körperliche, aber auch geistige Fitness wird durch einen harmonischen Wechsel von Anspannung und Entspannung erreicht. Steifheit, Verkrampfungen, Schlaffheit und Müdigkeit werden vertrieben. Gelenke und Muskeln bleiben geschmeidig und leistungsfähig, weiters werden die Selbstheilungskräfte des Körpers aktiviert. Die fernöstliche Gesundheitsgymnastik ist sehr sanft und Leistungsdruck oder enorme körperliche Belastungen werden abgelehnt. Darum kann jeder, unabhängig vom Alter, dem Gewicht und der körperlichen Fitness, sie erlernen und zu seinem Nutzen einsetzen.

Die folgenden Übungen sollen Ihnen nicht nur helfen die Meridiane durchgängig zu halten, sondern auch körperlich leistungsfähig zu bleiben. Suchen Sie sich einige Übungen, die Ihnen keine Probleme bereiten aus. Wichtig ist, dass Sie nicht übertreiben und dabei weder übermäßig schwitzen noch außer Atem kommen. Ferner sollten Sie darauf achten, nur jene Übungen durchzuführen, die Ihr Gesundheitszustand erlaubt. Im Durchschnitt genügen pro Tag 15 – 20 Minuten, um einen dauerhaften Erfolg zu erzielen.

Im Vordergrund bei der Auswahl der Übungen stand die Überlegung die Muskulatur und Haut zu straffen, die Wirbelsäule geschmeidig zu machen und Übergewicht abzubauen. Daneben sollen sie auch beruhigend wirken und Verspannungen in den Muskeln zu lösen. Also körperlichen Beschwerden, die durch unsere moderne Zivilisation entstehen, vorzubeugen oder sie zu verringern.

Wenn Sie die Übungen ohne Leistungsdruck durchführen, werden Sie langsam aber stetig Ihr Wohlbefinden steigern. Schon nach wenigen Wochen regelmäßigen Übens tritt eine spürbare Steigerung des körperlichen und geistigen Wohlbefindens ein. Damit wird Reiki durch sanfte Bewegung sinnvoll ergänzt, denn dieser Bereich wird oft vernachlässigt. Ich wünsche Ihnen viel Spaß beim Üben.

Kreisender Qi-Strom

Mit etwa schulterbreit gegrätschten Beinen und locker seitlich herabhängenden Armen stehen. Die Hüfte langsam und ruhig etwa 30 Mal in eine Richtung kreisen, dann ebenso oft in die Gegenrichtung. Jetzt die Augen schließen, ruhig stehen bleiben und sich vorstellen, wie das Qi um die Taille kreist. Wenn Sie sich zu bewegen beginnen, dem Impuls nachgeben und das Kreisen des Qi mit den unwillkürlichen Bewegungen genießen. Nach etwa 5 - 10 Minuten, oder wenn man zufrieden ist, sich vorstellen, wie die Bewegungen allmählich aufhören.

Diese Übung fördert die Geschmeidigkeit des Beckenbereiches und hilft die Figur zu verbessern.

Das Wasser teilen

Mit locker geschlossenen Beinen stehen, die Hände auf Schulterhöhe heben, wobei die Daumen nach unten weisen und die Handflächen nach vorne. Mit durchgestreckten Ellenbogen, den Armen auf Schulterhöhe und den Handflächen im rechten Winkel zu den Handgelenken die Arme auseinanderziehen.

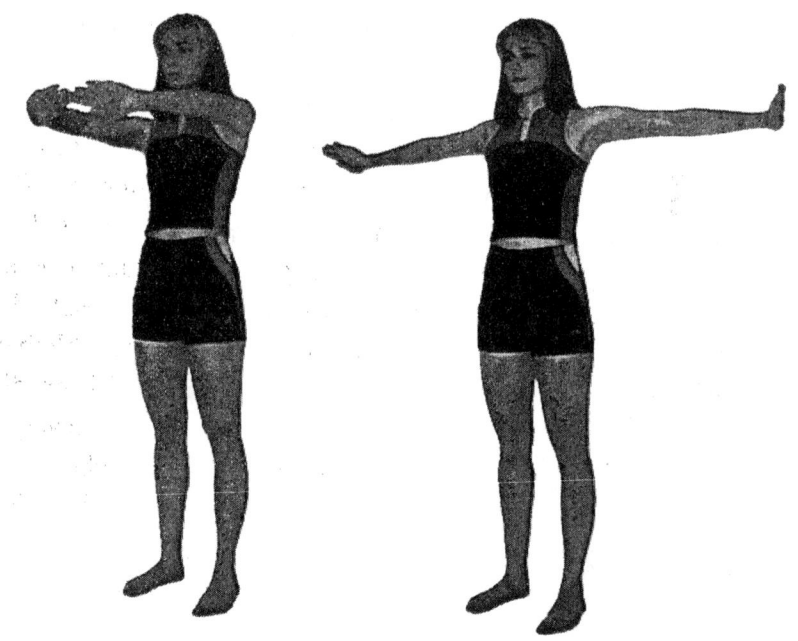

Dabei ruhig und tief durch die Nase in die Brust atmen. Die Brust wird dabei so hoch wie möglich angehoben, und man stellt sich vor, wie Qi den Busen nährt und kräftigt. Etwa 2 Sekunden verharren, dann durch den Mund langsam ausatmen und dabei die Hände wieder in die Ausgangsstellung zurückführen. Anfangs 10 Mal wiederholen, mit der Zeit steigern auf 20 Wiederholungen. Zum Abschluss der Übung nach dem letzten Auseinanderziehen der Arme ohne Bewegen der Arme die Handflächen drehen, sodass sie nach unten weisen, dann die Arme zur Seite sinken lassen und gleichzeitig durch den Mund ausatmen.

Diese Übung strafft bei Frauen den Busen und stärkt auch bei den Männern die Brustmuskulatur. Außerdem wirkt sie positiv auf den gesamten Schultergürtel.

Den Himmel anheben

Entspannt und aufrecht mit geschlossenen Beinen stehen. Die Arme werden gerade nach unten gehalten. Die Hände bilden einen rechten Winkel zum Unterarm und die Finger weisen zueinander. Die Arme werden in einem weiten Bogen vorne nach oben gezogen, wobei sich Hand- und Fingerstellung nicht verändern. Dabei wird durch die Nase ruhig eingeatmet. Nach oben zu den Händen schauen und die Handflächen Richtung

Himmel schieben. Danach die Arme seitlich nach unten führen bis sie am Körper anliegen, ruhig durch den Mund ausatmen und den Kopf senken, bis man geradeaus blickt.

Diese Übung zehnmal wiederholen, und zwar am besten morgens vor dem Frühstück. Sie bringt den gesamten Organismus in Schwung und gibt genug Energie für den Alltag.

Brücke

Diese Übung ist hervorragend dazu geeignet, um Oberschenkel, Gesäß, Bauch und Rücken zu trainieren. Schon nach wenigen Monaten stellt sich neue Spannkraft in diesen Bereichen ein.

Mit ausgestreckten Beinen auf den Boden setzen, wobei der Körper aufrecht ist und die Handflächen neben dem Gesäß die Erde berühren. Einatmend wird das Gesäß gehoben und die Muskeln angespannt.

Einige Sekunden verharren wir so und gehen dann wieder in die Ausgangsstellung zurück. Mit der Zeit langsam bis zu 15 Wiederholungen steigern.

Bhujangasana - Kobra

Auf dem Bauch liegen, wobei die Stirn den Boden berührt und die Hände nach vor gestreckt sind. Langsam, auf Hände und Arme gestützt, wird der Oberkörper gehoben, während der Unterkörper am Boden bleibt. Der Kopf wird nach hinten gebogen, der Atem geht dabei ruhig regelmäßig und tief.

Die Kobrastellung massiert, belebt und entfettet die Bauch- und Rückenpartie. Dabei hält sie den Körper elastisch und lindert Kreuzschmerzen.

Langsam steigern, bis man etwa 1 Minute in dieser Position verharren kann.

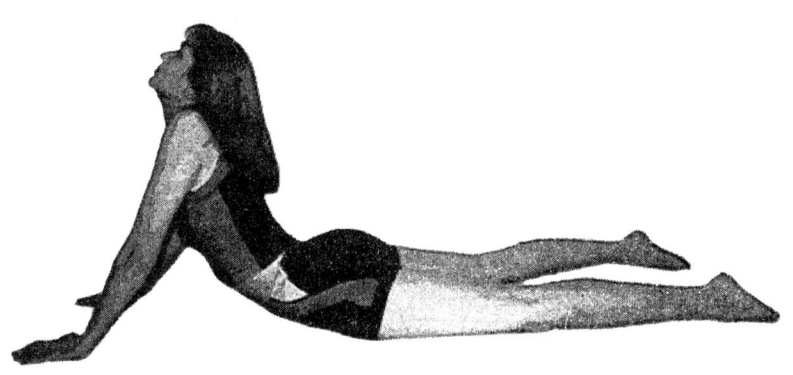

Den Mond zeichnen

Flach auf den Boden legen, die Arme neben dem Körper. Die gestreckten Beine etwa 20 cm anheben und die Zehen strecken. Dann mit den Beinen einen kleinen Kreis langsam in die Luft zeichnen. Pro Kreis sollte man mindestens eine halbe Minute brauchen. Wenn man nicht mehr weitermachen kann, etwas rasten und die Bewegung ebenso oft in der Gegenrichtung wiederholen.

Richtig und langsam ausgeführt lässt die Übung das Bauchfett wegschmelzen und stärkt dabei die Bauchmuskeln.

Mit der Zeit steigern, bis man 10 Kreise in beide Richtungen ausführen kann.

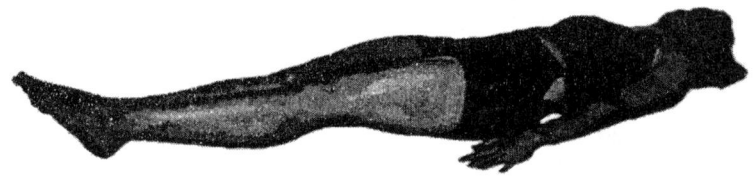

<u>Dhanurasana - Bogen</u>

Flach auf dem Rücken liegend werden Beine und Hüfte gehoben. Die gestreckten Beine werden hinter den Kopf gesenkt, bis die Zehen den Boden berühren. Dann ergreifen die Hände die Zehen.

Der Bogen verleiht der Wirbelsäule Biegsamkeit und Elastizität, verbessert die Durchblutung und bekämpft Verstopfung.

Langsam steigern, bis man die Position erreicht und einige Sekunden verharren kann. Die Zeit bis auf eine Minute ausdehnen.

Shalabasana – Die Heuschrecke

Mit geschlossenen Beinen flach auf dem Bauch liegen. Die Hände sind an den Seiten, wobei die Handflächen zum Boden zeigen. Beim Ausatmen presst man die Hände zum Boden und hebt mit einer raschen Bewegung die gestreckten Beine. Diese Übung belebt Nieren und Nebennieren, behebt Kreuzschmerzen und stärkt Bauch-, Hüft- und Rückenmuskulatur.
Langsam steigern, bis man etwa 20 Sekunden in dieser Position verharren kann.

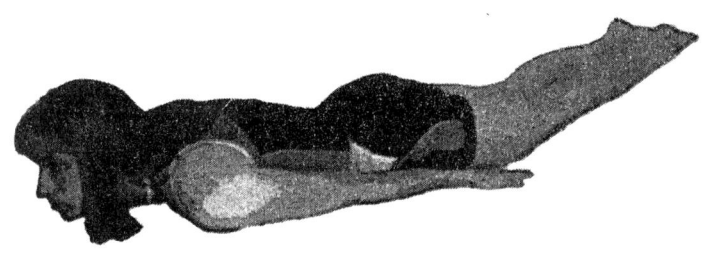

Ushtrasana - Das Kamel

Flach auf den Bauch legen und die Beine abbiegen. Die Arme nach hinten strecken und die Fußknöchel ergreifen. Dann die Beine mit den Händen hochziehen, dabei Oberkörper und Knie vom Boden erheben. Diese Haltung dürfen Bruchleidende nicht ausführen.
Hier wird die Verdauung gefördert und die Lunge gestärkt, außerdem schiebt die Kamelhaltung das Altern hinaus und vervollkommnet die Haltung.

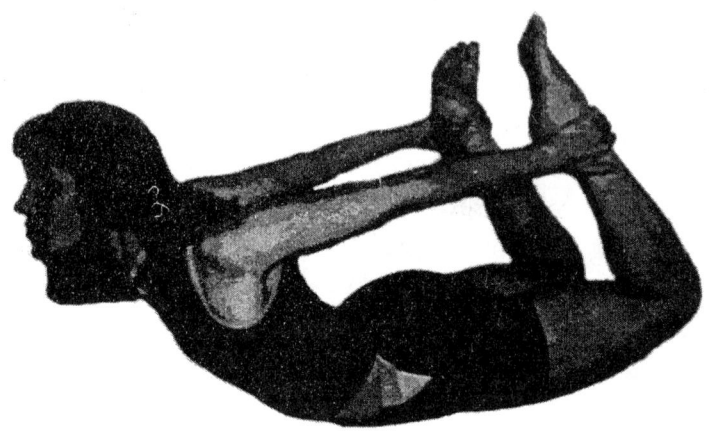

1. Woche einmal täglich etwa 5 Sekunden.
2. Woche zweimal täglich etwa 5 Sekunden.
3. Woche dreimal täglich etwa 5 Sekunden.
4. Woche einmal täglich etwa 10 Sekunden.
5. Woche einmal täglich etwa 20 Sekunden.
6. Woche einmal täglich etwa 30 Sekunden.

Angst vor Wolken oder die Negation des Negativen

Irgendwann ist es an der Zeit sich von abergläubischen und magischen Vorstellungen zu lösen, ohne die Mystik des Seins aus den Augen zu verlieren. Es existieren sehr reale Bedrohungen auf unserer Welt, vor denen wir Angst haben müssen. Rassismus, Nationalismus, religiöser Fanatismus und jedweder Extremismus sind nur einige Ursachen, die zu Krieg und Leid führen. Sie sind ein Synonym für den Kampf um eine Wahrheit, die keine ist.

Wir aber schaffen uns noch dunkle Wolken, die wir nicht vorbeiziehen lassen, sondern festhalten, ohne nach dem Warum zu fragen. Immer wieder wird die Frage nach dem Außen und an das Außen gestellt, die keine Antwort trägt. Warum fragt aber niemand sich selbst danach, warum sie oder er so empfunden hat?

Buddha hat keine Antworten gegeben und auch Jesus nicht, genauso wenig wie Lao-tse, Konfuzius oder tausend andere. Sie konnten auch keine Antwort geben, denn die letzte Frage wird unbeantwortet bleiben. Sie ist nicht in Worte zu fassen, nur zu ergründen. Aber sie haben eines getan, einen Weg gezeigt, der für jeden gangbar ist. In all seinen verschiedenen Interpretationen und Formen.

Eines ist ihnen trotz allem gemeinsam, nämlich die Furchtlosigkeit vor dem Bösen und dem damit verbundenen Aberglauben. Sie haben erkannt, woher das Böse und die Versuchung kommt. Die Quelle liegt in uns selbst, in unserem Wollen. Indem sie sich selbst besiegten, überwanden sie das Böse. Durch diesen Sieg, der einzig zählt, hatten sie ihren größten Feind überwunden, das Ego.

Jeder von uns, der diesen Sieg feiert, hat seine höhere Führung, sein höheres Selbst und auch sein inneres Kind gefunden, denn er hat sich selbst entdeckt. Demnach bleibt nur mehr eine Frage und eine letzte Angst offen, die den Weg zur Meisterschaft öffnet.

Niemand wird durch eine Einstimmung Meister, jedenfalls nicht in der Form, Meisterschaft über sein Leben erlangt zu haben. Denn dazu gehört wesentlich mehr, nämlich das Überwinden der Angst vor dem Unvermeidlichen, dem Tod. Eine nicht überwundene Todesangst splittert sich in eine große Zahl unbewusster Lebensängste auf. In den Weglehren ist eine Haltung, die bereit ist, den Tod zu akzeptieren, der Beweis dafür, das Ego überwunden zu haben. Im nächsten Buch beschäftige ich mich mit dieser Form der Meisterschaft, die letztendlich zu Satori führt oder durch Satori erlangt wird. Mit einem Zitat von Samuel Smiles möchte ich dieses Buch abschließen:

Keinem ist das Leben so süß wie dem,
welcher jede Todesfurcht verloren hat.

Quellenverzeichnis

Charlotte Joko Beck: Einfach Zen. Droemersche Verlagsanstalt Th. Knaur Nachf., München, 1995.
Dr. Maoshing Ni (Hrsg.): Der gelbe Kaiser, das Grundlagenwerk der Traditionellen Chinesischen Medizin. Otto Wilhelm Barth Verlag, 1995.
Lama Karta: Buddhismus, eine Einführung in die Lehre Buddhas. Otto Wilhelm Barth Verlag, 1999.
Ingrid Fischer-Schreiber (Hrsg.): Das Lexikon des Taoismus. Goldmann Verlag, München, 1996.
Shinichi Hisamatsu: Philosophie und Erwachen, Satori und Atheismus. Theseus-Verlag, Zürich, München, 1990.
Li Gi, das Buch der Riten, Sitten und Gebräuche. Eugen Diederichs Verlag, München, 1994.
Lao-tse: Tao te king. Eugen Diederichs Verlag, Düsseldorf, Köln, 1978.
Shankara: Das Kleinod der Unterscheidung. Scherz Verlag, Bern, München, Wien, 1981.
Dschuang-dsi: Das wahre Buch vom südlichen Blütenland. Eugen Diederichs Verlag, München, 1969.
Liä-dsi: Das wahre Buch vom quellenden Urgrund. Eugen Diederichs Verlag, Düsseldorf, Köln, 1967.
Das tibetische Buch der Toten. Scherz Verlag, Bern, München, Wien, 1977.
Upanishaden. Eugen Diederichs Verlag, München, 1977.
Buddha, Pfad zur Erleuchtung. Eugen Diederichs Verlag, München, 1956.
Patanjali, Die Wurzeln des Yoga. Scherz Verlag, Bern und München, 1976.
I Ging, Das Buch der Wandlungen. Eugen Diederichs Verlag, München, 1956.
Helmuth von Glasenapp: Die fünf Weltreligionen. Eugen Diederichs Verlag, München, 1963.
Miyamoto Musashi: Fünf Ringe. Droemersche Verlagsanstalt Th. Knaur Nachf., München, 1994.
John Selby und Zacchary Zelig: Das Erwachen der Kundalini. Wilhelm Heyne Verlag, München, 1996.
Gerhard J. Bellinger: Lexikon der Mythologie. Droemersche Verlagsanstalt Th. Knaur Nachf., München, 1989.
Große illustrierte Weltgeschichte. Buchgemeinschaft Donauland, Wien, 1995.
Fritjof Capra: Das Tao der Physik. Droemersche Verlagsanstalt Th. Knaur Nachf., München, 1997.

Johannes Holler: Das neue Gehirn. Verlag Bruno Martin, Südgellersen, 1991.

Paul Watzlawick: Wie wirklich ist die Wirklichkeit. R. Piper und Co. Verlag, München, 1976.

Ernst Stürmer: Asiatische Heilkunst. Verlag Herder, Freiburg im Breisgau, 1992.

Michael Page: Die Kraft des Chi. Wilhelm Heyne Verlag, München, 1997.

T. Nakamura: Das große Buch vom richtigen Atmen. Droemersche Verlagsanstalt Th. Knaur Nachf., München, 1987.

Werner Lind: Ostasiatische Kampfkünste, Das Lexikon. Sport und Gesundheit Verlag, Berlin, 1996.

Manfred Kubny: Qi, Lebenskraftkonzepte in China. Karl F. Haug Verlag, Heidelberg, 1995.

G. Hildenbrand, M. Geißler, S. Stein (Hrsg.): Das Qi kultivieren – die Lebenskraft nähren. Medizinisch Literarische Verlagsgesellschaft mbH, Uelzen,1998.

Leslie M. LeCron: Fremdhypnose-Selbsthypnose. Ariston Verlag, Kreuzlingen, 1973.

Werner J. Meinhold: Das große Handbuch der Hypnose. Ariston Verlag, Kreuzlingen, 1997.

Armando Pavese: Heilen durch Handauflegen. Pattloch Verlag, Augsburg, 1997.

Wong Kiew Kit: Die Kunst des Qi-gong. Droemersche Verlagsanstalt Th. Knaur Nachf., München, 1995.

Micheline Schwarz: Qi-gong, Gesund durch sanfte Bewegung. Gräfe und Unzer Verlag, München, 1995.

Frank Arjava Petter: Das Reiki-Feuer. Windpferd Verlag, Aitrang, 1997.

Walter Lübeck: Das Reiki Handbuch. Windpferd Verlag, Aitrang, 1996.

Barbara Ray: Der Reiki-Faktor. Heyne Verlag, München, 1996.

Wolfgang Distel, Wolfgang Wellmann: Der Geist des Reiki, Dai Komio. Goldmann Verlag, München, 1995.

Wolfgang Distel, Wolfgang Wellmann: Das Herz des Reiki, Dai Komio. Goldmann Verlag, 1994.